恋とか
愛とか(仮)

12のゲス恋エピソードから学ぶ

幸せになる恋愛をするために。

Contents

トリセツ

— 本書の読み方 —

『恋とか愛とか(仮)』は、現代の若者達が実際に体験したエピソードをもとに、彼らの"恋とか愛とか" をドラマ仕立てで作り上げる広島発の新感覚恋愛バラエティです。特徴は恋の行方を「視聴者自らがA・Bで選択する」こと。本書では過去に放送されたエピソードと視聴者が選択したストーリーを紹介しています。

ピンク色の本文は視聴者が選択した項目です

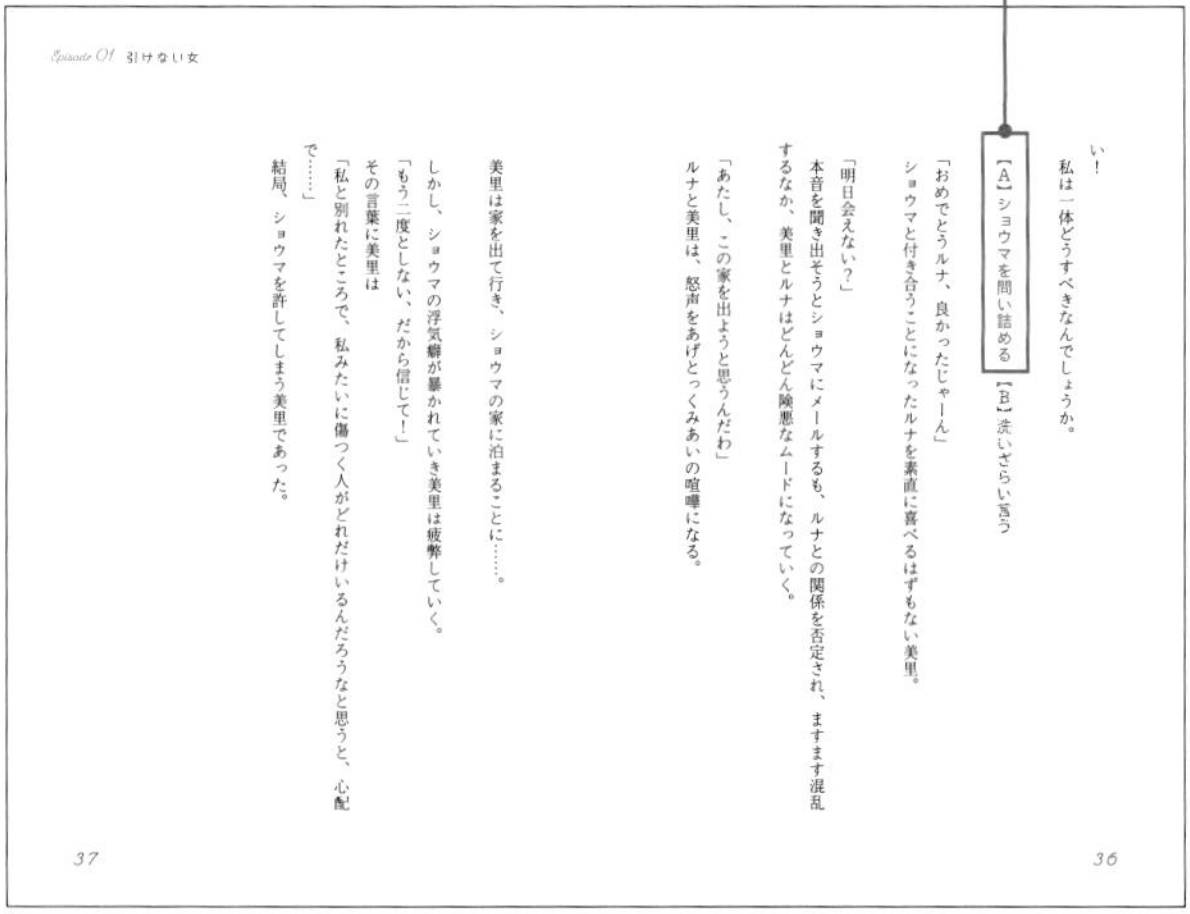
Episode 01 引けない女

い!
私は一体どうすべきなんでしょうか。

【A】ショウマを問い詰める　【B】洗いざらい言う

「おめでとうルナ、良かったじゃーん」
ショウマと付き合うことになったルナを素直に喜べるはずもない美里。

「明日会えない?」
本音を聞き出そうとショウマにメールするも、ルナとの関係を否定され、ますます混乱するなか、美里とルナはどんどん険悪なムードになっていく。

「あたし、この家を出ようと思うんだわ」
ルナと美里は、怒声をあげとっくみあいの喧嘩になる。

美里は家を出て行き、ショウマの家に泊まることに……。

しかし、ショウマの浮気癖が暴かれていき美里は疲弊していく。
「もう二度としない、だから信じて!」
その言葉に美里は
「私と別れたところで、私みたいに傷つく人がどれだけいるんだろうなと思うと、心配で……」
結局、ショウマを許してしまう美里であった。

36

37

エピソードの紹介が終わった後は、番組MCの西村真二さんと犬山紙子さんが、そのエピソードに対して実際に放送で話した内容を紹介しています。本文の最後には、犬山さんによるアドバイスも！

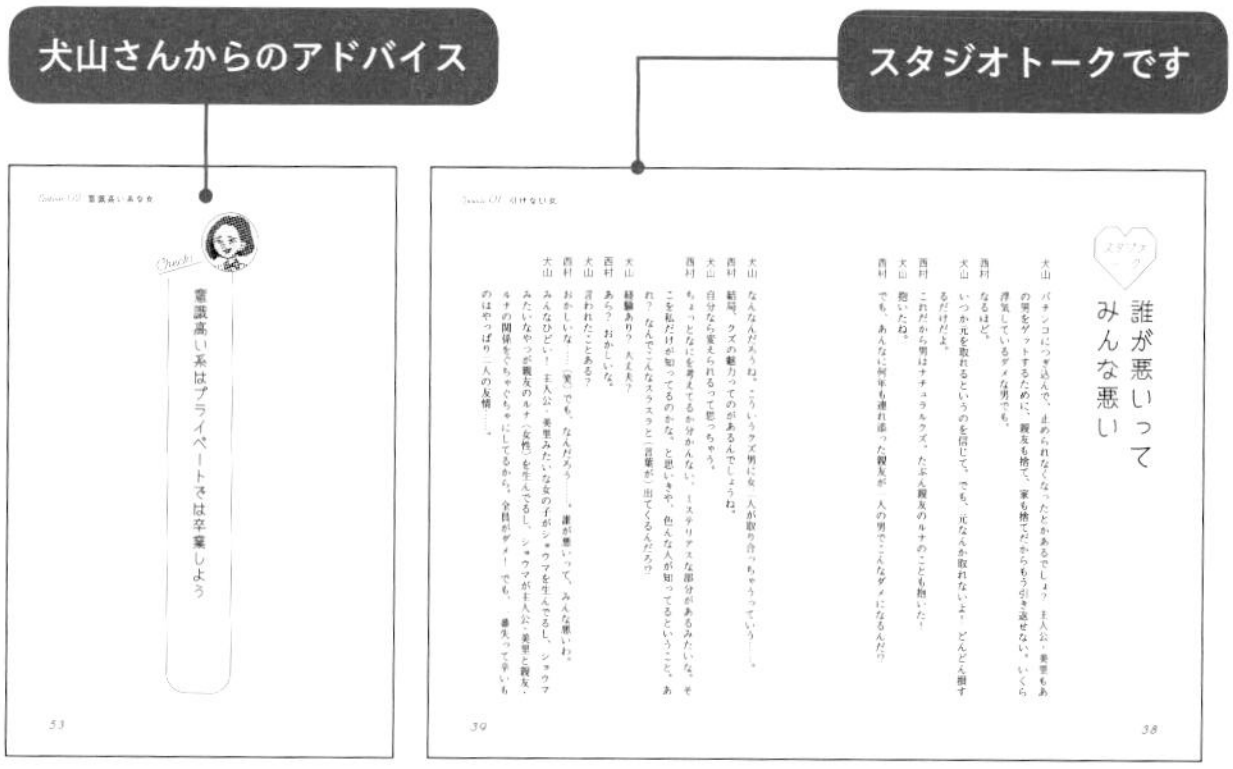

番組オープニングで、西村真二さんが「ねえ！女子」と問いかけていたコーナーをコラム化しました。西村さん目線の「女性あるある」が、意外と女性に共感を得たものを厳選しています。「私のことだ！」と思った方は、反面教師にしてください！

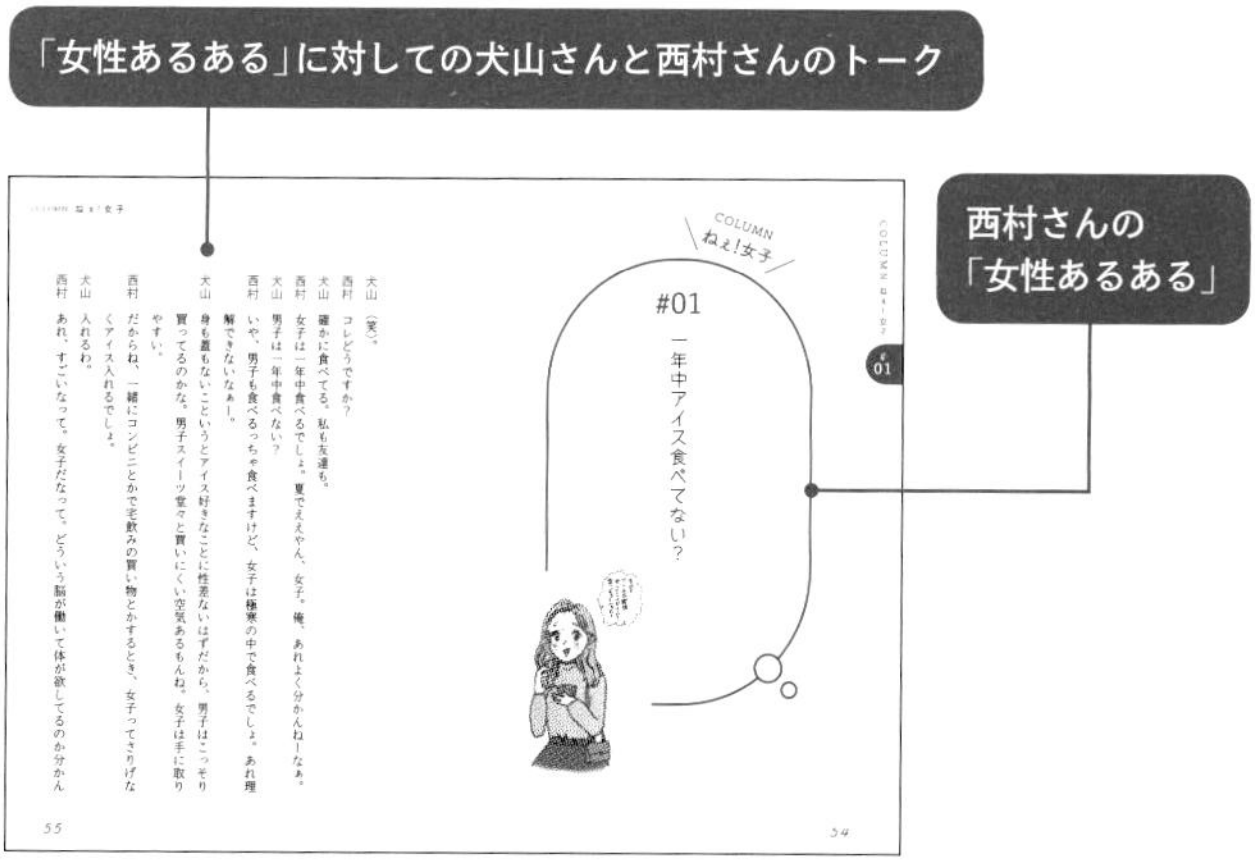

はじめに

「幸せな恋愛をしていますか？」
本書は、広島ホームテレビの番組『恋とか愛とか（仮）』にて過去に放送された恋愛エピソードと、番組ＭＣを務める西村真二さん（コットン）と犬山紙子さんのスタジオトークを掲載しています。

番組は、実際にあった恋愛エピソードをドラマ化し、視聴者の選択によって展開されていくストーリーになっています。「自分だったら、こうする！」という決断をすることで、いったいどんな結末を迎えるのか。ドラマを観ながら疑似恋愛を経験するという構成になっています。加えて、経験豊かな西村さんと犬山さんがドラマ展開に対して、独自の目線で感想や意見を掛け合い、二人からのアドバイスが飛び交います。

この「恋愛エピソード」と「アドバイス」は、恋愛で悩む世の女性たちへの指南となるのでは。

そう考え、一冊の書籍としました。２０１５年の番組スタートから、２０２０年11月までに放送されたエピソードのうち反響が大きかったエピソードを厳選し、さらに、その厳選したエピソードの中でも、西村さんや犬山さんの共感できるアドバイストークを選び、計12エピソードを掲載しています。

「恋愛」とは、いったいどういうことなのかという問いに対して、考え方は千差万別だと思います。恋愛している当人は、何が正解で何が違うのか。私の恋愛は間違っているのか。そんな不安に駆られます。本書では、その問いに対して「正解」を出していません。いや、出せないといったほうが正しいかもしれません。ただ、番組も本書も「幸せになってほしい」という根柢の思いがあります。本書を読み終えたときに、少しでもあなた自身の恋愛が幸せなものになっていただけるよう、参考になる一冊を目指して制作しました。それでは、どうぞ本書をお楽しみください。

（コットン）

西村真二 × 犬山紙子

芸人

コラムニスト、エッセイスト

コイカリ特別対談！

番組が始まって早6年。番組内で数々の恋愛エピソードを見てきた二人が、改めて恋愛について語る。恋愛とは何か。そして、恋愛や人生における決断とは何か。ご自身の経験も踏まえながら、その本質に迫る。

——突然ですが、お二人は恋愛で「決断」を迫られたことはありますか?

西村(以下、西):一番大きな決断は、僕がアナウンサー時代に付き合ってた子で、番組でもよく名前を出す「いちかちゃん」との別れ。その子と結婚するか、芸人になるかを迫られた。でもそのときはまだ、恋愛よりも夢を追いかけたかったから、お別れしました。7年引きずったけど。

犬山(以下、犬):だからさ、どちらも超大切だったってことだよね。痛みを伴わない決断はない。

西:「仕事と私、どっちが大事なの?」って、あれ同じジャンルの話じゃないから。当時は同じ天秤に載っていると思っていたけど、いま思うことは、別の天秤だってこと。1位・2位とかじゃないよね。

犬:私は全部自分から告白して、結婚も自分からプロポーズしたから……。私が選択してるっちゃ、選択してるんだけど、たぶん、私と付き合ってる人のほうが、選択を迫られている感じだったのかな。私にとっては、どの決断も「絶対間違いじゃなかった」と言い切れるけど、夫にとってどうだったかは……。私と離れた場所で、「絶対、犬山には言わないから」って聞き出してくれないと分かんない（笑）。まぁ、でもすごく仲良くやってるんで！

――恋愛は決断の連続でしたか？

犬：恋愛って先に感情があって、そのあとに決断があるものだから、そこまで「決断するぞ！」って意気込む感じじゃなかったかなぁ。だけど私は、断られたときに「引き下がる」決断が下手でしたね（苦笑）。夜中に酔っ払って、相手に電話したりとか。でもそれは好きっていうより執着だったから。いまになったら分かるけど、当時は分かんなかった。

西：「決断」して幸せになることって少なくないですか？　幸せになるときって、もう勝手に心が決めてませんか？

犬：確かに私も夫と結婚するとき、決断って感じじゃなかったもんな。好きだからするっていうか。

西：「決断」って決別のときに使う。恋愛の決断って9割くらい、いい思い出ないですけど……。

犬：あはは！　これさ、「決断」ってテーマでしゃべってさ、ポジティブなことを思うのか、ネガティブなことを思うのかで、その人がどういう恋愛をしてきたか分かるよね。

西：踏み絵みたいなもんだよね。

――6年番組をやっていて、印象に残っている決断ってありますか。

犬：絶対ドラマが面白くなりそうなほうを選んじゃうからなぁ。倫理観がないっていうか……。

西：人の決断ほど面白いものはないからなぁ。

犬：そこが「コイカリ」（注：番組名『恋とか愛とか（仮）』の略）の面白いとこだよね。主人公の決断を、視聴者含め、私達が選べちゃうっていうね。

西：コイカリの選択で印象に残っているのって「こういう選択が面白かった」というものよりは、「どっちも選べねぇよ！」みたいなやつだよね。

犬：そうそう！あった、あった！どっちも倫理的にどうかしてるんだよね。

西：これ、A・B案からは決められないから、C案がないと嘘だよね、みたいなやつ。たまに勝手に作るよね、どっちも酷すぎて。（過去の放送回資料を見ながら）「友達の奥さんといい感じになってしまったら。A：男ならいったれ、B：一旦冷静になる」って、これだって一択しかないでしょ！

犬：しかも冷静になるのも「一旦」だしね。

西：1時間後、絶対いくからね。

――恋愛で迷っている人から、相談は受けますか?

西:恋愛のガチ相談、受けることあります。相談してきた友達と、その彼女と一緒に飲んでほしい、みたいな。

犬:あー、なるほどね。どんな人か見てほしいっていうやつ。信頼されてるねぇ、にっくん。

西:やっぱり分かりますねー。2時間あれば。上座に座るか座らないかとか、冷麺を取り分けるときは、麺を先に入れて具を後のせするかとか……。

犬:えー、ヤダ! 絶対に来てほしくないわ、そんな人。人の大切なポイントじゃ全然ないじゃん。でもさ、自分のパートナーと、信用している友達に会ってもらうっていうのはすごくいいことだよね。ジャッジしてもらうとかは嫌だけど、信頼している友達の言うことは聞けたりするもんね。

――犬山さんもアドバイスしますか？

犬：私も相談されること、結構あります。でも私が何を言っても、感情で突き進むしかないっていうか。だから私がアドバイスするっていうより、相手に話してもらって、スッキリしてもらうっていう意味合いのほうが大きいかも。話すことで、彼女も論点に気づけるし。最近は恋愛するかどうかっていうより、「離婚するかどうか」の相談が多い（笑）。恋愛で一番大きな決断だと思うけど。

西：第三者に相談する、これに尽きるよね。結局恋愛でも仕事でも、行き詰まったときはとにかく信頼できる人に相談する。友達に話を聞いてもらうだけでも違うから。物事が解決しなくても、「大丈夫？」の一言だけで、気持ちがだいぶラクになる。

犬：やっぱ、恋愛で問題が起こってるときって、一番辛いのが、孤独。だからみんなスナックに行って飲むし、友達とも飲みに行ったりするじゃない？　そういう人との関係のなかでどんどん癒やされていく。だから自分の腹の底を見せられる相手がいるといい。そして聞く側はクソバイスをしないというか、傾聴できるっていうスキルを身につける！　それが本当に友達を救うし、傾聴を受けた相手も自分の話を傾聴してくれるようになる。相手を否定せずに聞くっていうのが超大事。

西：まぁとはいえ、お酒が入ったら説教しちゃうんですけどね……。

犬：するな！

――告白の決断についてお聞きします。自分は好きだけど、相手が自分のことを好きか分からない。そんなときに告白をするべきと思いますか？

犬：腕のある女性ならね、相手の目を見て、手を取って「あれ、俺、好きかもしれない」って思わせられるんですけどね。だいたいみんなそんな腕ないじゃないですか。まぁ、それでも私は、気持ちは伝えた方がよいとは思ってますけど。告白したら意識はしてくれるから。ライバルって絶対いるから、告白しない間にライバルがポイントを稼いで、自分がどんどん埋もれていくよりは、告白はとりあえずして、そこから関係性を積み重ねていくのもよし、ＯＫならＯＫでよし、振られるんでも早い方がいいよねって、そんな気持ちで私は告白をしてしまいます。

西：僕も絶対告白しますね。

犬：コイカリは肉食系だね～。しかもあとでさ、「本当はあのとき、にっくんのこと好きだったんだよ」とかあるじゃん！

西：あるあるあるある！　めっちゃ腹立つ！

犬：そんとき言えよ！

西：でもそれが同窓会で会ったときとかだったらさ、それはそれで興奮する……。

犬：知らんがな！　でも傷つくのが怖いって気持ちもめちゃくちゃ分かるんだよね。告白しないで、相手を愛でるだけでも楽しいって思える人もまれにいるので、それはそれで一つの形としていいのかもね。

西：確かに。したほうがいいじゃなくて、僕達はしてよかった、ですよね。

犬：してよかったし、しちゃうし。しない、はできない。

——告白した結果、ダメだった場合も、その時点でしてよかったって思えました？

西：僕の場合は特殊かもしれないですけど、僕の告白がその場しのぎだってバレて後悔したってことがあります……。

犬：最低だね！　セックスがしたいがために告白したってこと!?

西：みなまで言うな……。でもバレましたね。

犬：もうさぁ、ほんとウンチだよね。

西：ちょっと待ってよ……。まぁでもよかった。肥料にはなるからね（笑）。だけど、そういう体目的の告白以外に、元カノを忘れるためというのもありました。僕一回、過去の恋愛を振り切るためにある人に告白したら、保留にされました。

犬：バレちゃうの？

西：やっぱバレちゃうんですよね。その場でどんなに繕っても。

犬：でもまぁ、それは仕方ないよね。忘れるために他の人と……っていうのは、必要なステップだもん。ヤリたいがために告白するウンチ具合とはだいぶ違う。

西：でも言ったあと、めちゃくちゃ後悔しました。

犬：へーーーー。

西：浮気する以上に傷つけちゃったなぁって。「相談している間に好きになったんよ」って流れだったんですけど。OKもらった次の日だったかな？「やっぱ違うよね？」みたいに言われて。そのとき、俺、なんて傷つけ方しちゃったんだろうって思って。あれはもう二度としないですね。

犬：私はその時点では辛くても、あとから考えて後悔したことはないです。別れたあととか振られたあとって、いっぱい傷つくじゃないですか。でも、その傷の癒やし方って経験で体得していかないと、大人になって傷の治りがめちゃくちゃ悪くなります。しかもあえて治さないとかこじれてくるので、自分が傷ついたときは、どうやれば次に進めるのかっていうことを若いうちに体得するってすごく大事。若い頃ってなぜか、「転んじゃダメだ」って気持ちが強くなっちゃうんです。自分はいままで一度も転んだことがないってことが誇りになっちゃったり。でも、どんな可愛い子でも、どんなかっこいい人でも、どんなお金持ちの人でも必ず転ぶんですよ！

西：あと、恋愛でいっぱい経験を積んだ人って、恋愛以外でも豊かになりますよね。仕事においても人の気持ちが分かるようになって、先回りや気遣いができるようになるんじゃないかなって勝手に思ってる。

――好きな人に相手がいた場合は告白しますか？　既婚者の場合は？

犬：私は、未婚者の場合は、突き進んでいいと思うし、奪ってもいいと思う。問題は、対既婚者。好きになること自体は否定できないけど、先に不倫とはどういうもので、その先にどんなことが起こりうるのか、書籍なりなんなりで知識として持っておくと、冷静になれるのかな。既婚者に対してちょっとでもいいなと思った瞬間に連絡先を消すとか、距離を取るとか。それから不倫していて、ものすごく盛り上がったカップルは、いざ相手が離婚して、結婚しても、そのあと冷める割合がめちゃくちゃ多いらしいんですよ。そういうデータを知っておくといいですよね。不倫中って変に依存状態になりやすいから。

西：背徳感が興奮に繋がるし。

犬：会えるか分からない人と会えるのって、ガチャにハマるのと同じで、不確定要素の中でいいことがあることで依存しちゃうんだよね。

西：何かしらの制裁は加えられるぞっていうのは言いたい。法律上でダメなんだから。もちろんハートで9割9分動いてもいいけど、残り1分でとんでもない制裁くるぞってことは分かっておいてほしいな。

犬：最近の芸能人が受けている社会的制裁はやりすぎだと思いますけどね……。

西：あと情報を色んなとこに売らないでほしいですよね……。

犬：そっちの話⁉

――6年間というところで番組はひと区切りなんですが、番組の思い出もお願いします。

犬：もう泣くじゃん、そんなぁ……。だって広島にはいっぱい行ってさぁ、公開収録もしたじゃん。で、広島ロケもしたじゃん。

西：はいはい、しましたねぇ。

犬：私、覚えてるよ。海沿いかなぁ。お洒落なお店がいっぱいあって、家具とか一緒に見たりしたじゃん。

西：はいはい、宇品ですね。僕の同級生が出てくる。緑髪の。

犬：そうそう！　めっちゃイキってる、にっくん。

西：ははは（笑）。そうっすね、あれは申し訳なかったなぁ。あと、なんだろうなぁ、舞台も楽しかったなぁ。

犬：本当だ、舞台もやったねぇ！

西：本編もそうでしたけど、舞台は舞台で。僕ら多分初めて舞台で、主演的なことさせてもらったのがコイカリだったから。いろんな女優さんと出会って、いまでもその関係が続いているから、楽しかったなぁ。お芝居が始まる5分前ぐらいに、共演者全員がハグするんですよ。もちろん、このご時世じゃないときに。俺ときょんで誰と抱きつくのがいちばん良いかを話ししてたんだよなぁ。

犬：ねぇ、思い出ってそこなの？（笑）　そこじゃないでしょう？

犬：私はいつも隣にいる、いつも私が怒ってるにっくんが、舞台に立つと急に格好良く見えたから、何かちょっとイラっとしましたね。でも、本当に素敵な俳優さん達が、あれだけコイカリのストーリーを魅力的に演じてくれて。前代未聞ですよね！　舞台を見に来てくれた人達が結末を選べるって。コイカリ自体も前代未聞の番組だし、舞台もそうだったね。

西：僕、だから本当に申し訳ないんですけど、奥P（奥村番組プロデューサー）と小川さん（番組演出）を目の前にして言うのはあれなんですけど……思い出がね、パッと「じゃあ、思い出、どうぞ」って言われたら、打ち上げばっかり思い浮かぶんだよね。

犬：えー！　うそぉ！（笑）

西：本当に。あそこで紙子さんワイン飲んでたなぁ、いつも以上に酔ってたなぁとか、紙子さんと海鮮食ったなぁとか。

犬：海鮮食った！

西：食ったでしょう。あぁいうのしか出てこない。

犬：にっくんさ、幸せな脳してるよね！　楽しかったことだけが思い出！

西：そう。で、番組ではデトックスしたぐらいしかないから。

犬：いや、本当にそうよね（笑）。私達はここでこうやってしゃべるだけじゃん。でも、それでこんだけ面白い番組ができてたのって、やっぱりそれだけスタッフさんがドラマを作ってくれてたからですよ。それありきなんでね、本当に。

西：熱があって。あと、V中の方々ね。

犬：VTRね。

西：Vに出てくださっていた方々の尽力のおかげです。僕らは経費減らしをしてただけですよ。申し訳ない、本当に。ありがたい限りでした。

犬：いやー、でも本当にそうだったよね。何せやっぱりドラマ、エピソードの数々がすごい思い出として残っていますねぇ。

西：確かにね。多分、どこのどのシーンの思い出というより、今後、生きていく上で色々なケースを体験したから、例えばソシオパスなんかコイカリで初めて知ったし、で、その後の別のテレビの仕事でソシオパスって言葉が出てきたから、「あ、コイカリのやつだ」みたいな。今後の人生で色んな局面に出会ったときに、コイカリが物差しになるなっていうのはありますね。

犬：大丈夫か、コイカリが物差しで。

西：まずいわ、まずい！

犬：絶対まずいよ!(笑)
西：だから、コイカリの仕事をやっていたということは、将来子どもには言わないよね。
犬：私も子どもが物心つく前でよかった(笑)。
西：娘さんが成長するまでで良かった。終わっといて。
犬：いや私も、妊娠中この胎教どうなのって思って。
西：良くない、本当に。
犬：でもさぁ、私はすごい嬉しかったんですよ。妊娠とかしたり子育てしだすと、急に綺麗なものとして扱われるというか、女性は聖母だったりとかそういう印象になっちゃうところを、コイカリがあるおかげで、私は子どもを産んだってゲスいんですよ!って言えた気がする。
西：ははは(笑)
犬：そこの吐き出す場所、楽しむ場所がこうやってあったことが、めちゃくちゃ精神衛生上、私は良かったです。素晴らしかったですね。

西：いやー、だって紙子さんずっと言ってたもんね、6年間。「いやぁ、楽しかった」って。こんなどっちともアラフォーの大人がこういう色んな仕事させていただいていて、心から「はぁー、楽しかった！お疲れさまでしたー」って帰るんよ。こんな仕事、めったにないよね！

犬：友達の家でだいぶ（お酒を）飲んで帰るとき「あー、楽しかった！じゃあねー」っていう、あんな感じなんだよ。

西：それと一緒。宅飲みと一緒。

犬：そう、ほんと宅飲みだわ。だから、コイカリがなくなっちゃうと、この先そういうところをどこに出していいのか。

西：マジでそうだよな。

犬：コイカリ欲。最近、心のどこかに穴が空いてるので、何かそれが本当に切ないです。だってコイカリなくなったら、私、真面目な仕事しかないもん。

西：普通はそれで良いんだけど。

犬：だってさぁ、Ｔｗｉｔｔｅｒとかで見てても、コイカリの紙子さんが好きって。まぁそれは他の番組に失礼だけど。

西：そうっす、だから情報番組でいうところのコメンテーターのときは、物足りないかも知れない。一番的確なことを言ってんのに。まぁだから、お互い毒が貯まったらインスタのコラボ配信か何かして。

犬：そうね、お互い頑張ってマネタイズしようね。

西：しましょしましょ。そこはね。

――最後に、お一人ずつ、６年間番組を見続けてくれたファンの方、このコイカリ本を手に取ってくれたファンの方に何か一言ずついただいていいですか。

犬：本当にありがとうございました。多分、私達の一番恥ずかしい部分がたくさん詰まった番組でした。ストーリーに選択肢があったり、コイカリを見てくれた視聴者の方達と一緒に番組を作り上げていったので、本当に視聴者の皆さんや読者の皆さんというより、一緒にコイカリを作った皆さんという感じ。そのみなさんのおかげで、私たちは6年間、最高に楽しい日々が過ごせました。本当にありがとうございます。あと！最後に、「ねぇ！女子」やっていい？

西：お！

犬：ねぇ女子、保湿、顔だけ保湿してない？首とデコルテも保湿したほうが良い。これはアラフォーになって分かるよ。

西：紙子さん、「ねぇ！女子」ってそんな実用的じゃない。そんなの言わない。

犬：でもこれ、本当に後悔していて。20代のときから首とデコルテも保湿しろって誰かに言ってほしかった。ここら辺ね、シワとかさ、顔はデコルテまで。それが言いたかった。

西：桃井かおりさんみたいになってんじゃん。

犬：6年間、これが言いたかったの。

西：なるほどね（笑）

——西村さんからもお願いします。

西：コイカリをご覧いただきまして、そして、このコイカリ本を手に取っていただいてありがとうございます！　僕はね、もうコイカリが一番自由に色々物申せてました。発言もね、本当に緊張するスタッフさんもね、一人もおらず。

犬：いなかった！（笑）

西：紙子さんも本当に初回からウェルカムな感じで分け隔てなく接してくださったたし。本当に6年間、僕が番組内で言ったプライベートな情報は、あれ全部本当なんですよ。

犬：（笑）

西：おかんのベットで彼女とエッチしましたし。セックスも何回も見られそうになりましたし、僕、浮気もしましたし、浮気もたくさんされたし、で、もう広島の海田には二度と近づけないし。

犬：（笑）

西：そういうのも色々と言ってきたから、これは本当にもう、僕の生きてきた証なんですよ。恋愛においての。なので、本当に皆さんに感謝していますし、何より本当に……おかんがね、こんな息子が自分の醜態を晒しているのを毎週欠かさず見てくれたっていう。

犬：はははは（笑）

西：おかんのメンタルどうなってんやって。うん、それだけ俺、気にしとるぞ。俺のエッチのくだりどういう風にとってんねん。本当にこういう親に生まれて良かったなって。皆さんにも恵まれて良かったなと思いますので、またいつの日かお会いしたいと思います！

Episode 01

引けない女

01
引けない女

「彼氏もなければ予定もなし」

でも、美里にはたった一つの心の救いが……。

高校から仲が良くルームシェアを始めて一年がたつルナの存在。


「あーどっかにいい男いないかなあ……」

ため息をつく二人であったが、気分を変える為に相席居酒屋へ飲みに行くことに。

「イケメンこないかな〜」

そんな二人の前に現れたのは、ショウマとタカフミ。

「ショウマ君、ちょっとタイプなんだよな〜」

密かに美里は心を寄せ、ショウマとメールを始めていた。

数日後、ルナから予想もしていなかった相談を受ける。

「実は私、ショウマ君結構マジなんだよね……」

動揺を隠しきれない美里であったが、友情を壊したくないという思いから、自分も気になっていることを明かせず……。

「良いじゃん、ショウマ君って良い人そうだし、ルナにお似合いじゃん」

と心にもないことを言ってしまう。

そんなとき、美里のバイト先に突然ショウマが現れる。
バイト帰りに「今度の週末空いてる？ 打ちっぱなし行こうよ」と誘いを受ける。
ルナもショウマのことを気に入ってることを明かすと「内緒にしとけばバレんって」と、
ショウマの一言に美里が出した結論は？

【A】2人だけで行く　【B】みんなで行く

「じゃあ、絶対内緒ね」

「ほんとに？　約束する！　俺もタカフミに悪いけん、美里も絶対に内緒な」

ルナ、ごめん……。

美里はルナに内緒でショウマと打ちっぱなしにいくことに決めた。


「ただいま〜」

帰宅後、ルナが見知らぬ男女と飲み会をしている。

2人で決めたルールを破ったことに苛立ちを隠しきれない美里。

「ルナって勝手なやつ……。昔からそういうところあるんだよなあ……。ま、それなら
それでいいけど」


打ちっぱなしの帰り、ショウマから告白される美里。

急展開に戸惑う美里は「そう言ってくれるのは嬉しいけど……。今日はとりあえず帰るね」

美里は車から降りる姿を、バイト帰りのルナに見られてしまう。

そんなことも知らない美里は、悩み続け、恋愛を取るか、友情を取るかをバイト仲間に打ち明ける。

もうこの際だから、はっきり打ち明けよう！

そう心に決めた美里は、ルナを呼び止める。

「実はね……」

言いかけたが、しかし、先にルナの方から

「私ね、ショウマ君と付き合うことになった」

と報告を受ける。

ちょっと待って、この状況。ショウマ君、私に告白したんじゃないの？　信じられない！

私は一体どうすべきなんでしょうか。

【A】洗いざらい言う　【B】ショウマを問い詰める

「おめでとうルナ、良かったじゃーん」

ショウマと付き合うことになったルナを素直に喜べるはずもない美里。

「明日会えない？」

本音を聞き出そうとショウマにメールするも、ルナとの関係を否定され、ますます混乱するなか、美里とルナはどんどん険悪なムードになっていく。

「あたし、この家を出ようと思うんだわ」

ルナと美里は、怒声をあげとっくみあいの喧嘩になる。

美里は家を出て行き、ショウマの家に泊まることに……。

しかし、ショウマの浮気癖が暴かれていき美里は疲弊していく。

「もう二度としない、だから信じて！」

その言葉に美里は

「私と別れたところで、私みたいに傷つく人がどれだけいるんだろうなと思うと、心配で……」

結局、ショウマを許してしまう美里であった。

スタジオトーク

誰が悪いってみんな悪い

犬山　パチンコにつぎ込んで、止められなくなったとかあるでしょ？　主人公・美里もあの男をゲットするために、親友も捨て、家も捨てだからもう引き返せない。いくら浮気しているダメな男でも。

西村　なるほど。

犬山　いつか元を取れるというのを信じて。でも、元なんか取れないよ！　どんどん損するだけだよ。

西村　これだから男はナチュラルクズ。たぶん親友のルナのことも抱いた！

犬山　抱いたね。

西村　でも、あんなに何年も連れ添った親友が一人の男でこんなダメになるんだ⁉

犬山　なんなんだろうね。こういうクズ男に女二人が取り合っちゃうっていう……。
西村　結局、クズの魅力ってのがあるんでしょうね。
犬山　自分なら変えられるって思っちゃう。
西村　ちょっとなにを考えてるか分かんない、ミステリアスな部分があるみたいな。そこを私だけが知ってるのかな。と思いきや、色んな人が知ってるということ。あれ？　なんでこんなスラスラと（言葉が）出てくるんだろ⁉
犬山　経験あり？　大丈夫？
西村　あら？　おかしいな。
犬山　言われたことある？
西村　おかしいな……（笑）でも、なんだろう……。誰が悪いって、みんな悪いわ。
犬山　みんなひどい！　主人公・美里みたいな女の子がショウマを生んでるし、ショウマみたいなやつが親友のルナ（女性）を生んでるし、ショウマが主人公・美里と親友・ルナの関係をぐちゃぐちゃにしてるから。全員がダメ！　でも、一番失って辛いものはやっぱり二人の友情……。

Check!

クズ男と付き合っても元は取れない！

Episode 02

意識高い系な女

02

意識高い系な女

「完璧すぎて怖い。紀子くんがいればうちの会社も30年安泰だ」

紀子は、広告代理店に勤めるキャリアウーマン。それでいて美人。釣り合う男は少ない上に基準が厳しすぎる意識の高い女性である。

大学時代からの友人、ユカにも「最悪、結婚とかいい。認知もいらないから、いいDNAだけ欲しい」と、現実逃避をする紀子。

そんな二人の前に現れたのは、高級スーツを身にまとう弁護士一郎と、モサい格好のカメラマンを目指す二郎の兄弟。

一郎は、30歳で弁護士事務所設立というスペックの高い男性であったが、その反面、弟の二郎はカメラマンの卵、収入も不安定な男である。

数日後、紀子の元に一郎からメールが入る。

「来週、食事でもどうですか?」

返事を保留にしたまま、紀子は食事に行く前に、一郎がどんな男性かをリサーチしようと二郎に相談する。

「お兄さんってどんな人?」「彼女は?」「大学は?」

この質問攻めを、不快に感じた二郎は「ていうか、そういう自分はさ、どれだけ良い女なわけ?」

そう言うと、荷物をまとめて立ち去ってしまう。

取り残された紀子は、コーヒーを飲みながらイライラを隠しきれないでいた。

すると、二郎が置き忘れたフォトブックが目に入る。

手にとってめくるとそこには何枚もの自然写真が……。

フォトブックを閉じた紀子の頭の中によぎったのは……。

「なんか面倒くさいし、今度、一郎さんかユカ経由で返せばいっか。でも、もしかしたら大切なものかもしれないし……どうしよう」

【A】持ち帰る　【B】追いかけて、すぐに返す

「二郎くん、これ！　大事なもんじゃない？」

フォトブックを渡す紀子。

「あと……なんか、ごめん」

自分の行動を反省し、歩き出そうとした瞬間、二郎が「これ、見てもらえます？」

とモニターを紀子に見せる。

「これ、すごく自然な笑顔だよ！　あとで送っておくね」

後日、食事に行く一郎と紀子。

相変わらず、一郎の将来が気になる紀子であったが、将来についてのプランがしっかりしている一郎に紀子は感心していた。

しかし、お店を出た後で「あの味にしては、ちょっと高くない？」という一郎の言葉に幻滅し、その日は家に帰ることに。


歩いているとそこには、空に向かって撮影している二郎の姿が。

「紀子さんって、会社ではめちゃ壁作ってるでしょ？　仕事ができて、綺麗でお金も稼いで忙しくて……そりゃ彼氏いらんわな」

その言葉に紀子も正直な気持ちを話してしまう。

「っていうかなんだろ。なんか二郎君の前だとスラスラ話しちゃうな」


数日後、四人でバーベキューに行くことになり、わきあいあいと楽しい時間が過ぎていくなか、突然一郎から「紀子さん、ちょっといいかな？　僕とお付き合いしてもらえませんか？」と告白される。

心の準備ができていない紀子。

（一郎さんは、ほぼ理想の男性。私とも釣り合うし、申し分ない。けれど……これって、好きってことなのかな？　引っかかる部分もあって、悩ましい……。本音で誰かに相談したいけど……）

【A】ユカに相談　【B】二郎に相談

「あのさ、さっき一郎さんにね……」と、二郎に声をかける紀子。

「弟的なアドバイスとかないの？　二郎くんから見て、一郎さんと私ってちょうど良いかな？」

意識の高さゆえに自分を見失っている姿に、二郎がアドバイスをするも聞く耳をもたず席を立つ紀子。

一郎と会う約束はしたものの、答えを出せずにいた紀子。

しかし、一郎と話す度に、

(やっぱ一郎さんって優しくて紳士。そしてなんといっても将来有望な弁護士。貯金あり！　私の彼氏にふさわしい人には間違いない)

そんな思いが頭をよぎる。

ただ……、二郎のことも同時に頭によぎる紀子が出した答えは、

「ごめんなさい」

私が本当に素直になれて自然でいられるのは……。

「私、二郎くんのことが好き。素直に自分の気持ちを伝えられただけで、意識高いのが卒業できた気がする」
そう言うと二郎は
「ごめんなさい」
二郎にはすでに好きな人がいたのだ。

5年後。

「いやー、紀子さんって超頼れる先輩じゃん！」

紀子には彼氏もでき、会社の後輩からも尊敬される存在になっていた。

二郎とは良い仕事仲間になり、明らかに5年前の紀子とは別人になっていた。

意識高い女からは卒業し、自然でいる姿が魅力的な紀子になっていた。

スタジオトーク

プライベートでの意識の高さは恋愛においては邪魔なだけ

西村　結果的に、意識高い系の女が恋愛するには、意識高い系を卒業しなきゃいけない？

犬山　この意識高いが「スペック重視」ってことを指すなら、意識高い系をプライベートでは卒業なんじゃないですかね！　仕事の面では意識高い系ってきっと良いことがたくさんあるので、プライベートで、いかに意識の高さを捨てられるかなのかな。

西村　うわ！　これはまさにだと思います。

犬山　恋愛にまで意識高いとしんどいもんね。恋愛だけ……。

西村　イーブンにね。

犬山　イーブンにするってことじゃないですか!?

西村　確かに、仕事の面で意識高いって良いことしかないですもんね。業績上げたりとかするだけで。プライベートは本当にＮＯ意識で！

犬山　ＮＯは難しいけど！

西村　ＮＯ意識でほんとに直感で、心の底から愛したやつとぶつかる。

犬山　ドラマの中でキーワードのように「私に釣り合う人」とか「この人私に釣り合うかな」とかありましたから、自業自得っちゃ自業自得なんだけど、結局、自分の価値もそういう物差しでしか計れなくなるし。

西村　あれだ！　見た目華やかな意識高い系の女の子がたまに野獣みたいな人と歩いてる意味が分かったわ。だから、美女と野獣で「何やこのセット！」みたいなのいるじゃないですか？　女の子の方が背が高くて、男の子はちょっとずんぐりむっくりみたいな。あれは、だから意識高い系な女の子が気持ちで好きになったっていう。

犬山　気持ちで好きになり、そして、素の自分をさらけ出しやすい！　人の価値が見た目じゃない！　もしくは、すんげぇ金持ってるパターン！

西村　ああそうだ……。そうでした……。

犬山　ある、ある！　このパターンあるよ。まだ騙されないで。

西村　資産がビル・ゲイツのパターンね。

犬山　ゲイツパターンある。

西村　野獣がビル・ゲイツのパターンはあるのか！　でも、そういう恋愛の形もあるんですね。ちなみに30歳超えて合コン行くのはあり？

犬山　年齢関係なくて、恋人を作る目的での合コンは、そんなおすすめしないです。ほんと！

西村　なるほどね。

犬山　目的が違うことが多いですから。男性は一晩の相手が欲しい、女性は彼氏が欲しいとか。マッチングする率が低い。最悪遊ばれて終わり。たまに、付き合う人もいるので全否定はしないですが。

西村　確かにな〜。なんか、合コン行くのって、僕ら一晩の相手探しに行く……。

犬山　（大爆笑）良いね。感情こもってたね。

西村　ほんとそうだと思う。

犬山　でしょ！

西村　女子は出会いを求めて。

犬山　出会いを求めてるか、友だちの人数合わせか、そんなんじゃん。

西村　よっぽどのことがないと、付き合うのないですよね。

犬山　でも、案外女子も発情してるケースもありますよね。じゃなきゃ、廃れる気がするんですよ。

西村　やっぱりいにしえから続く文化ですから「合コン」っていうのは……。なぜあそこまで続くのかというと、やっぱりお互いが発情してるよ、ということでよろしいんですね。

犬山　合コンなんか、この作品の通りですよ。短い時間で、お互いをスペックでしかほぼ判断できないじゃないですか？　ずらっと並べられて、比べてみたり、比べられたり。完全否定はしないけど効率は悪そう。

Check!

意識高い系はプライベートでは卒業しよう

COLUMN
ねぇ！女子

#01

一年中アイス食べてない？

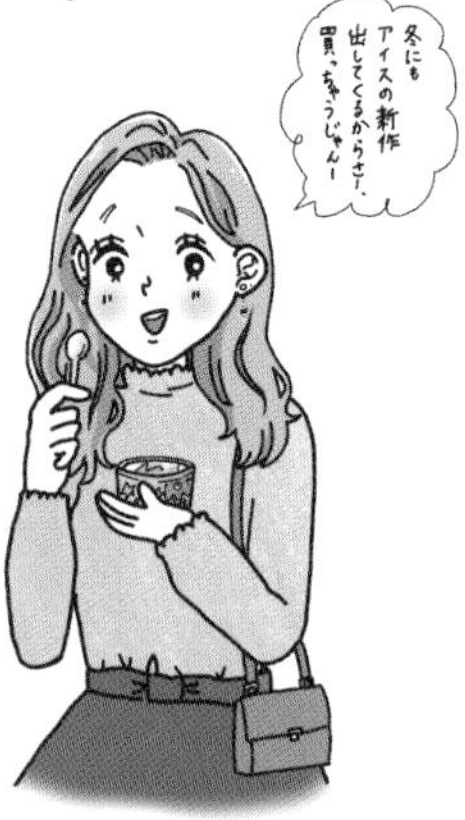
冬にもアイスの新作出してくるからさー、買っちゃうじゃん～

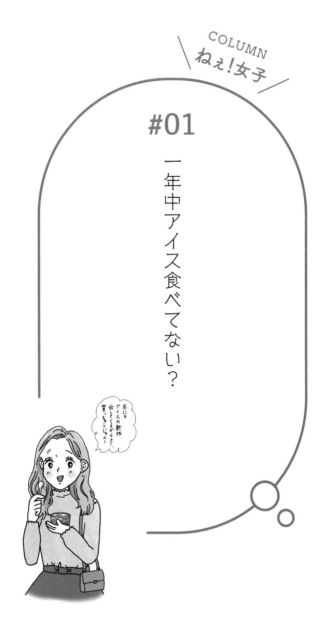

犬山　（笑）。
西村　コレどうですか？
犬山　確かに食べてる。私も友達も。
西村　女子は一年中食べるでしょ。夏でええやん、女子。俺、あれよく分かんねーなぁ。
犬山　男子は一年中食べない？
西村　いや、男子も食べるっちゃ食べますけど、女子は極寒の中で食べるでしょ。あれ理解できないなぁー。
犬山　身も蓋もないことというとアイス好きなことに性差ないはずだから、男子はこっそり買ってるのかな。男子スイーツ堂々と買いにくい空気あるもんね。女子は手に取りやすい。
西村　だからね、一緒にコンビニとかで宅飲みの買い物とかするとき、女子ってさりげなくアイス入れるでしょ。
犬山　入れるわ。
西村　あれ、すごいなって。女子だなって。どういう脳が働いて体が欲してるのか分かんないっすけど。絶対アイス食べるし。

犬山　甘いものが好きってことなんですかね？

西村　ノールックでハーゲンダッツ入れるっていう。

犬山　もう、分かってるのよね、位置が。

西村　すごいなと思うんです、あれがね。不思議な生きもんですわ、女子は。寒いから避けるのにね、普通。

犬山　寒さに勝つくらいアイスが旨いってことだね。企業努力の勝利。

結論

不思議な生きもんですわ、女子は。

COLUMN ねぇ！女子

#02

なんで犬にあま～い名前をつけるの？

犬山　私も疑問です。なんで？

西村　なんで？　あれ。女子なんなの？

犬山　食べちゃいたいくらいかわいいってことか。

西村　ね。甘ったるい名前つけるんですよ。

犬山　でも、どうなんですか？　その甘い名前つけてるワンちゃんを大事にしてる女の子をかわいいな、とは？

西村　思います。それは思いますよ。

犬山　何も問題ないですね。

結論

結局、かわいいんですけどね！

Episode

03

揺れる女

03

揺れる女

カフェでアルバイトをするかおりには夢がある。

「私は、将来自分でカフェを持つのが夢!」

そのための資金集めとして、夜はキャバクラ勤めと、昼夜を問わず仕事に励んでいた。

かおりは、高校の時から付き合い始め、もう6年もたつ彼氏・洋輔と同棲していた。

洋輔の優しさに惹かれて付き合ったものの、安月給なのに友達にお金を貸して、借金までする始末……。

そんなある日、キャバクラで働く先輩・みくから、彼氏が働かずパチンコばかり行くので悩んでいるとの相談を受ける。

「年収の低い男とか絶対無理ですよね」

その言葉にかおりは口ごもって、

「まあ、絶対ってわけじゃないとは思うんだけどね……」

と答える。

一方、NO1.キャバ嬢のあおいは
「考える余地もないわ。マジ論外！」

と言い放つ。


ある日、キャバクラ店の常連、会社経営者の岡村と部下の鈴木が来店。

岡村社長の年収が億を超えると聞き、かおりは自分の彼氏とのギャップに、ボーっとしてしまう。

「かおりちゃん、世の中お金でたいがいのことは解決できるものなんだよね～ってことで、番号教えてよ」

と岡村に言われ、茫然とするかおりであったが……。
「はぁ、分かりました」と連絡先を交換してしまう。

帰宅するも頭から岡村の収入のことが離れない。
そして、洋輔に冷たくあたってしまう。
「もう、こんな生活いつまで続くのよ！」と寝室にこもるかおり。
すぐさま、洋輔から「なんか、ごめん」と、メッセージが届く。
自分を抑えようと一息つくかおりの元へ岡村から
「今日はありがとう！　次の日曜日どう？」
とメッセージが。
「そりゃ、お金はある方がいいに決まっているけど……。
ほんとにお金で解決できちゃうのかな？
あー、もう分かんない」

かおりが選んだ行動は？

【A】メッセージを無視する　【B】岡村からのメッセージに返信する

かおりは「もうどうにでもなれ」と、ＯＫのスタンプを送信した。

翌日――

考えすぎたせいで、体調を崩し寝込んでいるかおりは、横で看病してくれる洋輔の姿を見ながら、もう自分の気持ちを打ち明けよう!!　と決心する。

「あのね、洋輔。私……将来はお店やりたい」

すると、洋輔も夢のプランを語りだす。

「それ最高だよ！　じゃあ、かおりはカフェで僕はアパレルショップ！　それぞれのやりたいことが一緒になった二人の夢のスペースにしようよ！」

その言葉を聞いて何か変わることに期待するかおりであった。

ある日、キャバクラにて、みくに岡村から連絡がきたことを話していると、横にはグラスを持ったあおいが……。

「結局、あんたも金なんでしょ？　稼ぐために夜働いてるんでしょ」

あおいは、かおりが岡村から気に入られていることに嫉妬し、怒りを露わにした。


そんな中、岡村はかおりを指名する。

「かおりちゃんは、何でキャバやってんの？」

カフェを開きたいという思いを持つかおりにとって、ビジネスで成功している岡村のアドバイスはかなり説得力があり、感心しっぱなしであった。

そして突然、岡村から次のデートに誘われ……勢いでＯＫしてしまった。

「いきなりだけど俺と結婚しない？」

かおりは、バーでのデート中、岡村から突然プロポーズをされる。

「ただ……女遊びはやめないけど、経済力はあるから夢であるカフェもオープンさせることができる」

と話す岡村に、

「そんないきなり……」

かおりは、動揺を隠せなかった。


その日の夜、帰宅するかおりを待っていたのは、手作り感満載の誕生日飾りとケーキ。

そして、洋輔の手には安物の指輪。

「結婚してください。今すぐにでも！」

真剣に語る洋輔であったが、かおりはすぐに答えを出せないでいた。

次の日、洋輔は
（昨日の返事、1週間後に答えを聞かせてほしい。あの公園で待ってます）
というメモだけ残して部屋からいなくなっていた。

すると、岡村からも
「1週間後に答えを聞かせてほしい！　この間のレストランで」
という内容のメッセージが。

「1週間後、私はどっちに行けばいいの〜？」

【A】洋輔のプロポーズを受ける　【B】岡村のプロポーズを受ける

「で、返事はOKでしょ？」

自信満々な岡村を前に、洋輔に対する罪悪感を持ちながらも
「はい。よろしくお願いします」

と、プロポーズを受けるかおり。

これで夢だったお店が持てる！　かおりは明るい未来に希望を抱いていた。

洋輔に別れを告げ、岡村と結婚式の準備を進めていった。

しかし、現実はそう甘くなかった。

結婚して夢だったカフェをオープンさせることはできたものの……。

「お店、ガラッガラだけど、また今月も赤字？」

突然の岡村の訪問。飛び交う厳しい言葉に黙り込んでしまうかおり。

そこに現れたのは、かつてキャバクラで一緒に働いていたあおいであった。

これから岡村と食事に行って同伴出勤するのだという。

全ては儲かるかどうかだという岡村の主張に対して
「でも……お金だけじゃないってこともあると思うの」

と、反抗するかおり。

その姿を傍で見ていたあおいは、平手打ちをくらわし、

「お金になびいたあなたが綺麗ごと言ってんじゃないわよ」と、罵声を浴びせる。

「これが、夢にまで見たやりたかったお店……私、選択間違っちゃったのかな」と落ち込むかおり。

かおりが帰り道をとぼとぼ歩いていると、目に飛び込んできたのは新しいアパレルのお店。

中を覗くと、そこでは洋輔が働いていた。

「遂に自分のお店を出すことができたんだよ。良い物件が見つかったからチャンスだと思ってね。まあ絶賛、借金生活中じゃけどね」

そう話す洋輔は、かおりが結婚したことも知っていた。

「幸せ？　夢は叶った？」

洋輔の言葉に、

「夢は叶ったよ。夢はね……」

そう作り笑顔で答えるかおりであった。

スタジオトーク

結婚をゴールにするとその後が虚しい

犬山　愛はないけど、夢のためにお金持ちと結婚するってこういうことですよね。夢のために、夢を叶えてもらうっていっても、自分の実力じゃなく叶ったら、ああやって客が来ないのとか当然というか……。

西村　なるほどね。僕らの世界でもそうですね。すぐ売れることとかないとか。すぐ社長になることとかないんですよね。

犬山　ないですね。

西村　学んだな〜。まさかコイカリで……。

犬山　確かに！　めっちゃ教訓ある。

西村　これすごいわ。恋愛どころか、人生をもう……。ただ、これはどうなの。かおりは結局心も満たされず、夢も崩れたっていう……。

犬山　そうですよ。で、奴隷の生活ですよ。だからとっとと、今から離婚の算段をね。慰謝料ふんだくっていきましょうよ。

西村　結局、かおりに奮起されてコツコツやってた洋輔が抜いてっちゃって。かおりは楽して近道したからうさぎさんになっちゃったと。

犬山　ほんとだ。

西村　うさぎと亀の物語でした！（笑）違う違う。

犬山　でも、洋輔もかおりと別れたからああやって一念発起できたのかもね。

西村　そうかも知らん。

犬山　一回ああやって、バンって捨てられないと、洋輔も洋輔でダラダラしてたんじゃないかしら。

西村　だから、夢追い人の彼もしくは彼女と付き合ってるカップルは、一回その喝を入れるくらいがちょうどいいかもしれませんね。

犬山　そうね。

西村　突き放すまではいかないけど、「ちょっとあんた。このままだったら私別れようと思う」くらいの喝を入れたら、男も女も奮起するっていう……。色んな伏線がこれ。
犬山　ありますね。で、喝を入れても動かなかったらほんとに別れるという。
西村　そうだよ。
犬山　お金じゃ人生は買えない。
西村　夢を叶えても虚しさが残る生き方はどう思います？
犬山　ないでしょ！
西村　ないね。ほんとない。
犬山　夢を叶えるって、叶えた先に自分が楽しいとか幸せとかそこがあるからの夢であり。夢を叶えたとて、その先がないのであれば、叶ってないも同然ですよ。
西村　かおりにとってお店を出すってことが、それがスタート地点ですもんね。
犬山　そう、スタート地点なんですよ。
西村　だから、スタートするまでに準備運動をしてなかったから、走れないし。

犬山　だから、結婚することを夢にしてる女の子を見てても、同じように思って。結婚もスタート地点じゃないですか。その後、生活があるんで。とりあえず結婚をゴールにおくと、その後虚しいよねっていう。

西村　だから、イケメンが良いとか、そういうのは岡村と付き合うのと一緒ですよね。結局スタート地点立って理想の男が来ましたみたいな、顔が良い、もうとりあえず付き合って、結婚みたいなのはダメってことですよね。

犬山　そうそうそう。好きじゃないのに、とりあえず結婚するのがゴールになると、怖いよね。

西村　でも、結構いますよね。結婚したいっていう子に限って結婚できてないですもんね。

犬山　結婚したいっていう気持ちは全然良いと思うんです。それがゴールと思うと……。

西村　そこまでがね。

犬山　だから結婚をゴールにすると、結婚＝幸せって勝手に勘違いするっていう。別に結婚＝幸せでは全然ない！　というか、ただの生活なので。あれ？　幸せじゃないじゃん、どういうこと？　みたいに結構戸惑ってる人が多い印象があります。

お金じゃ人生は買えない

COLUMN
ねぇ！女子

#03

明らかに機嫌悪そうに見えて、
男子から「どうしたの？」って聞くと
「なんでもない」って言うのやめて！

犬山　言う。言う、言う。
西村　あれ、やめて！　やめて、ほんとに。
犬山　ごめん、言う。言う言う。
西村　なんっすか、あれは。
犬山　機嫌悪いの。
西村　機嫌……いや、なんでもないって言うの。何あれ。
犬山　言う言う。機嫌悪いことを認めたくない。
西村　そうなんっすね。
犬山　でも、機嫌悪い。
西村　あれ理解できない、女子の。明らかに機嫌悪いのに。「なんかあった？」っつって「なんでもない」って。なんかあるじゃん、絶対。ねぇ？
犬山　あるある。
西村　あれはもう歴代の彼女に全員言いたい。
犬山　全員あった？　そう。それあった？　ドキッとしてるわ、女子。

西村　うそ？
犬山　うん、結構やったことあると思う。なんでもないわっつって。
西村　しかもなんかその、「言われなくてもわかるじゃん」みたいなスタンスをとるでしょ？　女子は。
犬山　そうかも。まあもちろんそうじゃない人もいますが。
西村　いや、言わんと分からんと思う。なんかあったら言うてと思うんですけど。やっぱ男子から分かったほうがいいんすよね？　それは。
犬山　まあなかなか察するの無理なので言った方が良いと思います。反省。
西村　なるほど！　これ女子が反省！　これは良い一石を投じた！　だから「何でもない」って言うな！　ちゃんと怒ってる理由を言ってくれ。そうっすね？
犬山　そう。そうそうそうそう。まあその前に怒らすなって話ですがね。
西村　これでいきましょう。

結論

怒ってる理由を教えてください！

番組スタッフ
メッセージ

かつて男子は「三高」が恋愛の最強スペックと言われたり、「アッシー」「メッシー」と男子が女子に尽くしたりした時代もありましたが、今はそんな時代ではありません。『恋とか愛とか（仮）』では、恋愛の仕方が多様化していった平成・令和の最新恋愛事情を盛り込んだ形でお届けしてきました。

しかし、番組の恋愛に対する「正義」は当初から変わっておりません。それは、「恋愛において男女が同じ目線に立っている」ということ。番組当初から見ますと、MCの犬山紙子さん、西村真二さんの恋愛観も、その時その時で若干変化しておりますが、根幹がブレることは一度もありませんでした。

本にも掲載されている番組が紹介してきた恋愛エピソードの大部分は、〝ちゃんとした恋愛って本当にできてる？〟とか〝恋愛のことになると、意外と自分が見えてなくない？〟など、「本当はやってはいけない恋愛」ばかりです。

ですので、反面教師的にこの本をご覧いただいて、少しでも幸せな恋愛を掴むキッカケになったら幸いです。

恋とか愛とか（仮）総合演出　小川貴史

Episode 04

ウブな女

04

ウブな女

朝から水をかけられ、会社からはリストラ宣告。

遠距離恋愛の彼氏・隆介には実は嫁が居た……。


何もかもうまくいかないマナは、自殺を考えていた。

そのとき、偶然に再会したのが、幼馴染のタカシだ。

タカシは大阪で働いていたが、心機一転、地元・広島で働くために帰ってきたという。

「昔からウブっていうか、思い詰め過ぎなんだよ、マナは」

タカシになだめられ、思いとどまったマナは、帽子のデザイナーでもあるタカシのモデルを務めることになった。

色とりどりの帽子をかぶりながら、笑顔が弾けるマナ。

「あれ覚えてる？ 大人になって二人とも独身なら結婚しようって……」

昔話に花が咲くなど、二人の離れていた時間が少しずつ埋まっていく。

撮影の帰り道、タカシはふとマナの手を握る。

一瞬驚いたマナだったが、「昔はよく手を繋いでくれたね」と気丈に振る舞う。

すると今度は恋人繋ぎに……。

（これって、幼馴染ではないということ？ でも、10年間離れていたし。まだ男性のこと信じられないし……）

困惑するマナが選んだ選択は？


【A】こんなことされたら勘違いしちゃうじゃん。私はもう大丈夫 【B】手を離して帰る

マナはタカシの手を離そうとするが、タカシからは思いもよらない言葉が。

「そうじゃない。10年ぶりに再会してときめいた。付き合ってほしい」

突然の告白に困惑するマナ。

真剣に結婚を考えていた男性に裏切られた直後ともあって、素直にＹＥＳとは言えなかった。

後日、タカシは再びマナに帽子撮影のモデルを依頼する。

マナをイメージして作った帽子をプレゼントしたお礼に、マナは手料理を振る舞うことに。

マナの家でお好み焼きを作り合い、楽しい時間が流れていく。

そのとき、お手洗いで席を外したタカシの携帯が鳴り響く。

「見ても良いことはない……」

と分かっていながら画面を覗くと、そこには「着信：嫁」の文字が。

「なんで男って……平気で騙せるの……」

そんなマナの気持ちも知らずに、タカシは「結婚を前提に付き合いたい」と再び告白。

しかし、怒りが収まらないマナはタカシを睨みつけ……。

【A】追い出す　【B】ビンタして問い詰める
「タカ兄、結婚してるでしょ」

ビンタして、タカシに真意を確かめるマナ。

するとタカシは、結婚していたが、もう離婚して籍も外していると弁明する。

しかし、マナはすぐには気持ちを切り替えられない。

ある夜、マナの元へ不倫を隠していた元カレの隆介が現れる。

隆介は妻と別れるというが、証拠を欲しがるマナは、今ここで妻に電話をしろと追い詰める。


しかし、隆介は空電話をしただけ。

マナはスマホを投げつけ、正式に隆介と別れた。

後日、マナはタカシにも恋愛の証拠を求めた。

タカシは、妻と別れたという証＝戸籍謄本をマナに見せた。

安心したマナは、タカシに婚姻届を手渡す。
「結婚を前提に付き合いたいって言ってくれたでしょ?」

1年後——
晴れて結婚した二人は、帽子屋をオープン。
マナはタカシに「二人の愛の証拠」を求める。
タカシはピンとこない。
するとマナは、子供用の小さな帽子をタカシにかぶせる。
「そういうことか」
微笑み合う二人であった。

スタジオトーク

合コンには全員戸籍謄本持参で

犬山　主人公の最後の台詞「幸せってのは自分で掴むものだと」が良かったです。幸せになりたいじゃなくて自分からもぎ取りにいく。

西村　結局他人のせいにしてたからね。「なんで男ってこうなの？」じゃなくて、自分もね。あと恋愛に証拠とか証は必要？

犬山　分かりやすいっちゃ分かりやすいですが。

西村　結婚してからだね。

犬山　法的なね。そして証がないと、ほんとにクソ男に騙される可能性もありますし。でもね、ほんとにさ、合コンとかにほんとに平気で既婚者とか来るでしょ？

西村　はい。

犬山　全員ね、持って来いよ、戸籍謄本！　もうね、合コンに全員戸籍持参!!

西村　戸籍謄本持参の合コン!?

犬山　日時もね。一カ月以内のもの。戸籍謄本持参で合コンでございますよ、もう。でもね、証は証でも、「確証が欲しい！　私は幸せになれる確証が欲しい!!」みたいな感じで「婚姻届！　結婚届！」みたいな感じで詰め寄るのは……。

西村　ダメだ、全然ダメだ！　そんなやつ全然ダメだよ。じゃあ、異性でも同性でも、信頼できる相手はどう見極めたらいい？

犬山　何かふとした瞬間なんだよね。属性じゃなくて個性で見てくれているというか。

西村　マジでそう！　フィーリングですよね。

犬山　私も今の事務所の社長と初めて会って。信頼できる人の所に入ろうと思って、しゃべってたんだけど。まずセッティングされたのが、ラーメン屋で。すんごいきったねえラーメン屋でさ。そこでズルズルラーメンすすってんのよ、社長が。で、私も一緒にすすりながら、「この人なんか信頼できるな～」って思った記憶がありますね。

西村　分かる。嘘臭くないみたいなね。
犬山　なんか社長感出さないっていうか。いいなって。
西村　ウチはまだ社長としゃべれるレベルじゃないんで……。
犬山　吉本（興業）さんは……。
西村　チラッと見たことしかない。まだまだしゃべれるレベルじゃない……。そう、だから何気ないところですよね。何気ない気遣いができたりとか、あとこいつにしゃべったら何かしてくれそう。そういうやつって、ひいては、結局口固かったりとかするから。絶対一人はそういうやついるでしょ、みんな。
犬山　そうね。あたし、逆に信頼できないのが、「人脈、人脈」って言って、近寄ってきて。別に私と仲良くなりたいわけじゃなくて、自分のカードの中に『エッセイストの女』ってのを入れたい。っていう男。いる！
西村　いるわ〜。
犬山　異業種交流会とかで、「なんか面白いことを仕掛けましょうよ！」って言ってくる。
西村　分かるわ!!

犬山 入れるな、私をそのカードに。できないわ、面白いこと。面白いやつはね、そんなこと言わなくても面白いことやってんだよ。

西村 マジで。そういう奴が絶対使うのが「化学反応」とか言う。

犬山 分かる、言う。

西村 たいして、お前が起こせねーくせに。

犬山 そうだよ、まずは起こしてから言えっていう。

Check!

幸せは自分からもぎ取りにいくべし！

COLUMN
ねぇ!女子

#04

みんな服装かぶりすぎだぜ。

西村　はい、きました！　これ俺、最近思ってること言っていいっすか？

犬山　はい、はい。

西村　こないだ街中で女性5人歩いてたんですよ。5分の4があのつば広のあのハットかぶってましたわ。

犬山　いいじゃないですか。

西村　事前に連絡取り合えよ？　今日、私かぶるぜっていうのを。

犬山　かぶらないようにね。

西村　もうちょっとね、かぶりすぎ。

犬山　見分けつかない？

西村　見分けつかない。全員がチェスターコート着てるし。なげーやつ着てるし。

犬山　見分けつかない……おじさんの始まりですわ。

西村　あはははははって、おいおいおい、失礼だなぁ。

犬山　（おじさんが）よく言うやつ。アイドルももう分かんない、みたいな。

西村　だから、犬山さんってすごくあれだと思う。流行りに流されてないというか。

犬山　そう？
西村　そう。僕そういう人が好きなんすよ。
犬山　ほんとですか？　どうだろ。今日、私、なんかすごいの着てるけど。
西村　いや、いいんですよ。こういう感じで。自分が着たいもの着てるみたいな。その流行りのチェスターコート、つば広ハット、みたいな。いや、やるんだったらもっと個性出したほうがいいなって俺は思ってる。ねぇ、女子、個性出せ。
犬山　でも結局個性出したら個性出したで男ウケ悪いとか言われてきたけど……。かぶるも自由、個性出しまくるも自由。
西村　だって5分の4がハットかぶったら、一人が仲間外れみたいになるんじゃないかって。魔導士みたいな、全員がもう。
犬山　逆にかぶってない方視点！
西村　そうなんすよ。だから女子、ずっとコスプレしてるみたいな、ね。要はその「女子のコスプレ」してる。あっ、いいこと言った！「女子は女子のコスプレをしてる」。
犬山　ドヤ顔で……。

西村　あんまり芯食ってないですね。自分でも詰まったなと思いました。

犬山　わざとおそろいの格好する子たちもいますよね。最近流行ってる双子コーデとか。あれはコンセプトがあるからいいんですか？

西村　あぁ！　いますね。あれはいいんじゃないですか。ちゃんと完璧にそろえるみたいな。もうそうじゃない、色合い、姿かたち、もう全部一緒。だからこうやって動かれたら分かんない。こうやってこう動かれたら分かんない、もう。

犬山　こう動かんわ。

西村　しゅんしゅんしゅんしゅんしゅんって、もう。誰誰誰誰誰ってなっちゃう。全員つば広のハットで。

犬山　以上にっくんの「年をとって若い女の子の見分けがつかない」というぼやきでした。

西村　分かんない。もうー、分かんない。

結論

女子は女子のコスプレをしてるってことに気づいてほしい。

Episode 05

自由を求める女

05

自由を求める女

ゆかりは、高校時代から付き合っていた圭佑と結婚したが、専業主婦で刺激のない毎日にうんざりしていた。

習い事を始めようと、とりあえず料理教室に通うことに。

そこの講師・大内はイタリアかぶれの情熱的な指導を繰り広げていた。

ゆかりは少しずつ惹かれていき、教室外でも大内と合うようになっていた。

そして、ベッドの上で情熱的なアモーレを交わすことになる。

不倫だ。

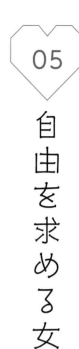

一線を越えたゆかりは、もう何物にも縛られたくないと、圭佑と離婚することにした。

ある日、料理教室終了後、大内からイタリアへの転勤話を告白された。

一緒に来てほしいと誘われたゆかりだったが、まだ自由を楽しみたいと断った。

それからは、フィットネスジムに勤務するようになる。そして、そこにやってくるセレブふうな男性客と、次々とカラダの関係を重ねていくようになった。

「都合のいいセフレは増えたけど、寂しさも感じる。果たしてこれが自由なのか……？」

そのとき、ジムに新会員の男がやってきた。

大内似の真田だ。例によって店外で会うゆかりと真田。

彼の包容力に、ゆかりはまたしても惹かれていった。そのとき
「ゆかりちゃんは、付き合っている人とかいるの？」

突然の質問に、ゆかりは選択を迫られる。


【A】「付き合っている人がいるって言ったら、どうします？」と他の男性との付き合いを濁す

【B】男がいることを隠す

すると真田は

「良いんじゃない！　恋人がいる女性を口説くのはルール違反かい？」

ゆかりの魅力が男を惑わすと、真田も巧みに口説き、二人はその夜一つになった。

それからも二人は逢瀬を重ね、ある日、温泉旅館へデートすることになる。

「真田さんって、足湯みたい……」

すっかりのぼせ上がるゆかり。

しかし、真田のボストンバックから一枚の絵を見つけてしまった。

「ぱぱ、おしごとがんばってね。はるか」

真田の娘が描いた家族の絵に動揺するゆかり。

真田は、不倫だったと告白した。

ゆかりは、自らの恋愛事情は全て話したのに相手は何も言ってくれなかったことと、相手が不倫をしていたことの二つのショックを受ける。


そんなゆかりの目の前に、ある日、あの男が現れた。

ゆかりをイタリアに誘って断られた料理教室講師・大内だった。


自由の扉を開き、情熱的に愛してくれる大内。

不倫だと分かっていても関係を続けたいという真田。

ゆかりは大きな岐路に立たされる……。

【A】不倫を続ける　【B】真田に別れを告げ、大内と再び付き合う

ゆかりは、大内と付き合う決意を告げたが、真田は納得しない。

「妻と離婚するから、ゆかりちゃんとは別れたくない！」

ゆかりは、奥さんとの離婚話に同席させてほしいと、条件をつけた。

後日、真田の妻・志保が同席のもと、離婚が成立した。

そして、ゆかりと真田は二人だけの結婚式を静かに挙げた。


数年後――。

ゆかりは以前と違い、結婚に対しても冷めることなく、真田のことを思うようになっていた。

しかし、真田はゆかりに対してそっけない態度を取り続ける。


もしかして、また不倫しているのでは……？

訝しげく思ったゆかりは、真田の後をつけるが、子どもとの面会日で拍子抜けする。

しかし、このままでは終わらなかった。

ゆかりはGPSを購入し、真田のカバンにそっと忍ばせた。

真田の動きを監視するゆかりは、真田が会社の後輩女子とたまたま二人きりになった瞬間に飛び出し、浮気だと言いがかりをつける。

呆れ果てる真田。

ゆかりは寂しさを埋めるため、出会い系で知り合った若い男と一線を越えていた。

そこに飛び込んできたのは、逆にGPSを仕掛けた真田だった。

決定的瞬間とともに終わりを告げた夫婦関係。

ゆかりが手にしたのは、孤独という名の自由だった。

スタジオトーク

どんな環境に置かれても一緒に楽しめるかっていうのは大切

犬山　どうやったら相手のことを信頼できると思う？

西村　んー……お時間がいるなぁ……。

犬山　（笑）

西村　こればっかりは。

犬山　相手のことを信用するためには、自分を信用できないとまず無理だなと思って。自分が隙あれば浮気とか不倫とかするタイプだったら、相手を信用できないと思う。でも自分がしないと思ってて、分かんないけどね？　自分がしないから相手もしないとは限らないけど、信頼をする土壌はできるなって思う。

西村　おお。なるほどねー……。だから、例えば携帯見るとかGPSとか確かな確証っていうのは、いらないと思う。信頼だって目に見えないものじゃないですか。

犬山 そういう確かなものは離婚するときだけでいい。

西村 紙一枚！ ほんとそうよね。もうあとは、絆という目には見えないもの。そっちの方が強固なんだから信じるしかないよね。

犬山 そうです。

西村 俺、よく想像するんですけど。俺が女の子だったらとか抜きにして性別関係なく、あぁ……四畳半風呂なしのアパートにこいつといられるかなとか、5LDK家賃100万の豪邸に一緒に住んでも、変わらず楽しくいられるかなっていうのを想像しちゃう。

犬山 良いね！ そっか、そうだね。想像すると良いね！ しかも何年か後のね。自分がおばさん（おじさん）になったときに……そうそうそう。ボロいマンション、アパートに住んだときにやっていけるかどうかだよね。

西村 一緒に生活してて、お金ももちろん大事だけどどんな環境に置かれても一緒に楽しめるかっていうのは大切だと思うけどどな。そこに子どもがあったらもっと大事だしね。

犬山　しかし、にっくんはなんでここまで達観してるの？

西村　んー……遊び過ぎた？（笑）

犬山　（笑）

西村　ちょっとごめんなさい。遊び過ぎた！　だからほら、孤独でしょ？　自由を手にした孤独。俺が一番そうなんだよ。

犬山　切ない。

西村　今回のエピソードを見て教訓は？

犬山　今染みたね。

西村　俺です。遊び過ぎて自由を求めていた結果、33歳独身。この先も結婚の予定はない。寂しいですよ。

犬山　寂しい？

西村　寂しい。めちゃくちゃ寂しい。

犬山　でも？　めちゃくちゃ楽しいでしょ？

西村 楽しい。だから……もう分かんない。自由の中で……死ぬ。

犬山 良いね。それも良いね、一つの生き方ですから。

西村 犬山さんはどう思いましたか？

犬山 不倫は自分がしてしまうと、一生相手にその不安が付きまとう。その通りじゃないですか？

西村 どんどん連鎖しちゃうっていうね。絶対、不倫はダメ、絶対。

犬山 不倫はダメ、絶対。

西村 Byコイカリ

Check!

不倫したら相手に一生不安が付きまとう！

COLUMN
ねぇ!女子

#05

ぬいぐるみ多いんだけど。

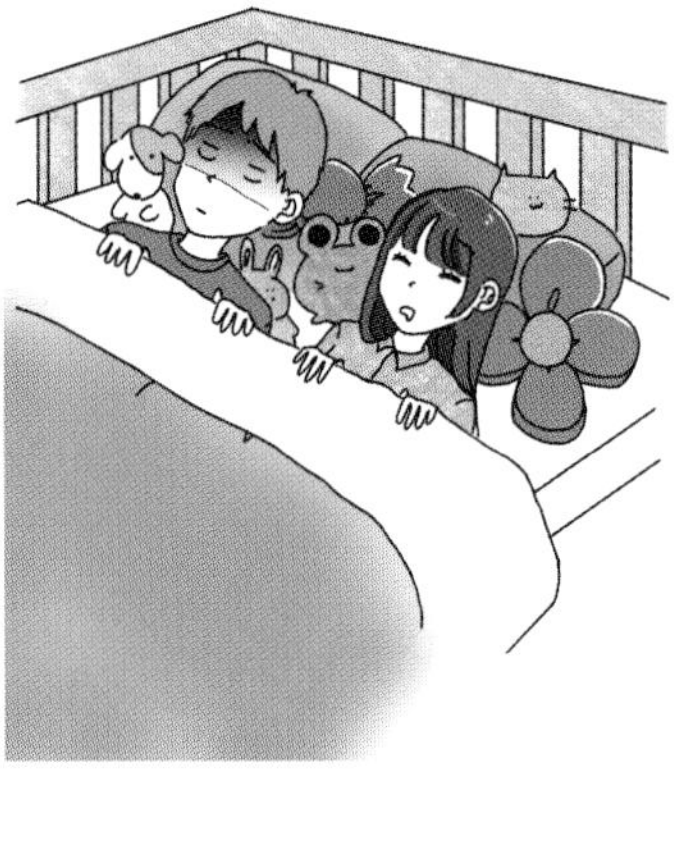

西村　じゃ、おやすみー……って、ぬいぐるみ邪魔だな！
犬山　ぬいぐるみ殴った……？
西村　なんでなん、なんでなんかって。
犬山　ドン引きしたわ。
西村　嘘でしょ？
犬山　あるでしょ、ぬいぐるみぐらい。どけたらいいだろ。
西村　違う、違う違う違う。量が異常なのよ。
犬山　あ、量。
西村　もう量が。囲まれまくってて。リトルグ●ーンメンがおるわ、ダ●ボおるわで、もう。こんな状態で。
犬山　にっくんが、1個のぬいぐるみを置いてるのに対して、そこまでやってんのかと思って、あ、私この人と5年間一緒にいたけど、なにも分かってなかったんだと。この人、サイコだと思って。
西村　ちゃうちゃうちゃうちゃうちゃう！　いっぱいあるから、もうベッドの上にぬいぐるみ置きすぎっちゅーの。

犬山　そうだね。そうね、そういうかわいい話だったのね。

西村　そうですよ、そういうかわいい話ですよ。ほんとに。俺1個のぬいぐるみを、ガン！ってやんないっすよ。クレヨンしんちゃんのネネちゃんのママみたいに。

犬山　そういうことなのかなと思って。にっくんの闇がちょっと垣間見えましたね。

西村　ちょっとね、ちょっと置きすぎだよ、女子。2〜3個にして。

犬山　ぬいぐるみも家族なんで。気にせずどんどん置こう！　ダニさえ気をつければ。

西村　うん、ダニわくからね。

結論

ダニわくからね。

Episode

06

面食いな女

06

面食いな女

夜景の綺麗なレストランで金持ちの黒田に口説かれる菜緒。

しかし、彼女はイケメン以外は受け付けないと、黒田の誘いを断ってしまう。

そんなイケメン好きの菜緒の心を満たそうと、友人の紗里がホストクラブへと招く。

そこにいたのは、ヒロとNO.1指名のシュン。

菜緒はシュンにロックオンし、絶対に付き合ってやると決意。

夢に向かってホストを続けるシュンの気持ちをうまく転がしながら、奈緒はついにシュンから告白の言葉を引き出すことに成功。

見事に付き合うこととなった。

シュンは美意識が高く、奈緒の心をじわじわと満たしていくがある日、シュンの卒業アルバムを目にした菜緒は愕然としてしまう。

卒業アルバムに写っていたシュンは、どう見ても現在の顔つきとは違い、全くの別人。

「これは…まさかの整形⁉」

困惑する奈緒だったが、そこへシュンが帰宅する。

真偽を確かめたい奈緒が取った行動は……？

【A】アルバムのどこにシュンがいるのか聞く　【B】目に付くところに置いておく

シュンは、今とは全然違うことを認め、整形したと告白する。

しかし、シュンに後ろめたさはなく、コンプレックスも消せて格好よくなれたと前向きに捉えていた。

お肌のケアなど美意識の高さに誇りを持つシュンに対しどこか腑に落ちない奈緒。

それが奈緒にとってストレスになっていった。

挙句の果てには、シュンの顔が別人になって襲ってくる悪夢にさいなまれる羽目に。


ある日、大事な話があるとシュンに呼び出された奈緒。

そこでシュンから「整形してほしい」と衝撃の依頼を発表された。

「もっと綺麗になれると思うんだ！」

とシュンは手術費を奈緒に手渡す。

これは本気なのか冗談なのか……。奈緒が下した結論は？


【A】とりあえず話を聞いてみる　【B】話題を変える

シュンは、整形してよかったことを切々と奈緒に語る。

奈緒は「私も気になるところがあったし」と、勢いに押され、整形の世界へと飛び込んだ。

奈緒が受けた整形は豊胸手術だった。

キャンペーンガール仲間からもスタイルが良くなったと褒められ、満更でもない奈緒。

タレント事務所の社長にスカウトされ、モデルの仕事も入ってきた。

一方のシュンは、ホストクラブでの人気もガタ落ちで、ヘルプ要員に。

奈緒とはスレ違いの生活が続いていた。

そんなシュンに対し、奈緒は「もうちょっと整形のメンテナンスをした方がいい」とアドバイスし、シュンに自信とイケメンを取り戻させようとする。

なにかあると整形。

2人の整形合戦はとどまるところを知らなかったが、2人はそれで幸せだった。


そして2人は結婚——見かけに偽りはあっても、気持ちに嘘はなかった。

数年後、2人の間に子どもが生まれた。

奈緒の両親は送られてきた孫の写真をまじまじと観るが……。

「なんか、どっちにも似とらんな……」

子どもが大きくなって似てないと不満を言ったら、整形を勧めることを誓う奈緒だった。

スタジオトーク

クズを比べてあっちよりマシとかやってても意味がない

西村　何に対する価値観が一緒だと恋愛関係が長続きしますか？

犬山　なんだろう……。価値観……。

西村　俺、仕事かな。

犬山　仕事？　私、プライベートかな。

西村　なるほど。でも、プライベートが合わなかったら？

犬山　趣味が違っても良くて、私はプライベートをこんなに大事にしてるって分かってくれないときついかも。

西村　なるほど。俺もプライベートを大事にするから、休みがかぶってもお互いのことをやることは、全然アリだったりするし。

犬山　そう。だから、私がじっと本を読んだりとかゲームしてるのを見て「もうちょっと何かやりなよ」とか言ってこられるときつい。その時間は私の人生、生きる理由ぐらいのものだから。お互いがプライベートをしっかりと考えてないときついかな。
西村　俺は仕事に対するスタンス。何よりも今やっぱり……。
犬山　だって、ずっと考えごとしてるんでしょ？
西村　やっぱりお笑いが大事だから、それを犯してくるような危険思想の持ち主は……そういう人はちょっと禁固刑にしますね。ちょっともう、投獄します。
犬山　（笑）
西村　ヒモ体質・ＤＶ男・整形マン……付き合うならどのイケメンが良い？
犬山　整形マンって、整形してる男性って意味じゃなくて整形勧めてくる男性でしょ？
西村　どれもやだな、俺が女だったら。
犬山　一番ないのはＤＶじゃん。次は金か整形強要してくるか、選べないわ！
西村　ヒモかなー……。
犬山　ヒモかー……ヒモかわいいとこあるしね。

西村　ヒモかわいいよ。ヒモかわうぃ～ね！

犬山　あーでも家事をちゃんとやるのはヒモじゃなくて専業主夫でしょ。ヒモ……ただ金をせびってくるだけじゃん、全然かわいくないな……。

Check!

価値観が合うことは大事

COLUMN
ねぇ！女子

#06

手料理作ってくれるときに
「いつもならうまくできるんだけどー」の
あれ、いらないから！

犬山　そうなの？　あれいらないの？

西村　いいんです、もう。

犬山　かわいいじゃーん。

西村　そのときにできたやつでいいのに。じゃあなに、君のその二番手を食べさせられてるのかってなっちゃうから。

犬山　あ、逆にそっか。もっとうまいのが食えるはずなのになって思っちゃうから言わないでほしいっていう？

西村　うん。いつも出せれるようになってから作ってくれっていう。

犬山　いいじゃん、そのぐらい言ってもさ。でもさ、ほんとは緊張しちゃってるんじゃない。大好きなにっくんが来たから緊張しちゃってーっていう意味合いよ、かわいいかわいい。

西村　いやだからもうその時点で、いいの。もう、うまいとかうまくないとか関係ない。君が作ってくれていることに対して、俺はもうお腹一杯だよっていう。なのにその、なんかちょっと「いつもならうまくできるんだけど」みたいなのは、もういらないかな。

犬山　うるさいやっちゃな……。

西村　それより、「いつもやらないんだけど頑張って作った」のほうがかわいいかも。

犬山　へぇ。

西村　「いつもうまくいくんだけどー」の感じは、なんでその手料理で背伸びしちゃうのみたいな。思っちゃうから、ちょっと。

犬山　作ってもらっといて文句を言うな。

西村　そこに僕はちょっと疑問を感じちゃう。あぁ、これ一言いらないなぁって。

犬山　似たようなのでカラオケで「これ練習だから」って言うのもあるね。

西村　あー分かる！　何そいつ。

犬山　いいから、いいから。本番とかないからっていう。

西村　分かるわー。あと、カラオケで間奏のたびにウーロン茶を飲むやつね。

犬山　そう、そうそうそういうこと。

西村　そんな期待してないから。君プロじゃないんだから。ギリギリまで喉潤して歌うやつ。

犬山　もういいから、もう普段もっとうまいんか知らんけど、いいからいいからって。それでいいからっていうね。

西村　大概そういうやつ絢香さんの曲、歌うからね。

犬山　あ、歌いあげる系ね。

西村　歌いあげる系歌っちゃう。スーパーフライとか。

結論

「いつもやらないいんだけど頑張って作った」のほうがかわいいかも。

Episode

07

トモダチな女

07

トモダチな女

服のリフォーム屋で働くナッコには、付き合って3年になる彼氏・耕三がいる。

ナツコの家で二人仲良くＤＶＤを観ていると、ナツコのスマホが鳴り響く。

「卒業して3年。たまにはみんなで集まらん？」

大学時代の友人・友之からの懐かしいメッセージだった。


ナツコが友之に出会ったのは、大学に入ってすぐの頃。

お笑いが好きで意気投合し、お互いの家を行き来する仲に。

ただ、どんなに仲良くなっても、一線を越えることはなかった。

それは二人が「トモダチ」だから。

大学卒業の日、ナッコと友之は、友人のカスミと近藤と飲んでいた。

「お前たちは卒業したら付き合うわけ?」

友人のツッコミにも、ナツコと友之は動じる素振りもなく「トモダチ」を強調。

就職してもまた会おうと別れた四人だったが、それ以来ナツコと友之が会うことはなかった。


耕三にも背中を押され、ナツコは三人と久々に再会した。

スーツ姿になり、少々照れくさい四人。

仕事の話や恋人の話で近況報告をし合う。

酔っぱらい客に絡まれ、立ちはだかった友之。

少し大人になっていた。

その際にスーツが破れ、ちょっとドキッとしているナツコが取った行動は……。

【A】その場で直す　【B】後日直すよと、リフォーム屋の名刺を渡す

「私のせいだから……絶対に来て」

ナツコは友之のスーツを後日預かり、そのお礼で食事に誘われた。

あの頃と変わらない2人の関係。

ナツコは、お笑いのＤＶＤを観ようと家に誘い、友之もいつもの感じで家に上がった。

そこへ、ナツコの彼氏から家に行くとの連絡が入る。

ナツコは構わないと言ったが、友之は遠慮して帰ることにした。

そう、二人はトモダチなのだ。

後日、この話を親友のカスミにしたところ、それは恋をしていると指摘される。

ピンとこないナツコだったが、再び大学仲間の四人で友之の家に集まったときに、二人の関係が微妙に動く。

買い出しに行くという口実で、カスミと近藤は席を外し、そのままナツコと友之は二人きりにされた。

胸の鼓動が収まらないナツコ。

ドキドキしている……これはもう、友之のことをトモダチとして見ていないと確信した。

それに気づかない友之は、ナツコに恋人の悩み相談をする。

そんな友之にも魅力を感じ、明け方帰宅の途につこうとしたナツコだったが、思いを抑えることはできなかった。

【A】彼氏に正直に言う　【B】友之に今の気持ちを正直に言う

「好きになっちゃったの！」

ナツコの突然の告白に戸惑う友之。

「お互い恋人もいるし。ちょっと冷静になろう……」

結論が出ないまま、その日は別れた。

朝帰りしたナツコの家には、帰りを待っていた耕三がいた。

優しさで包んでくれる耕三。ナツコは悩んでしまう。

ある日、ナツコは友之と彼女の美里が一緒にいるところを目撃する。

友之も気づくが、知らないふり。

リフォーム屋で友之のスーツを袋に入れようとしていたナツコは、一枚のカードを発見する。

そこには、美里から友之への感謝の言葉が書かれていた。


3年後。

ナツコは結婚式を挙げていた。相手は……耕三。

友之と美里の関係を尊重し、ナツコは耕三と幸せになっていた。

そして友之とは、トモダチの関係が続いていた。

あの頃と変わらぬ二人のバカバカしい会話。そう、二人は一生トモダチ。

スタジオトーク

結局ゲスじゃなかったら幸せになれる

西村　男女の友情は成立すると思いますか？

犬山　思います！

西村　おいおいおいおいおい！　ツノ抜けたで！

犬山　生えてねーわ！　成立しますよ、友情は。むしろ性別が違うだけで友情が成立しないって考え方も変じゃない？　人間性欲だけじゃないし。趣味だったり、仕事だったり、そういったことを分かち合うのに性別も何も関係ないじゃないですか。

西村　これを見るとアリなのかなって思っちゃった。

犬山　ねっ。

西村　これぐらいの友情のレベルに達するまで、もちろん途中、ちょっと過ちとかあるかもしれないけど……。でも、そういうのを経てだもんね。だからヤるヤらないとかじゃないんだよね。そういう低俗な次元じゃないんだ！

犬山　えっ？　ヤるヤらんじゃないの？

西村　どうすか？　翼生えてきたでしょ？

犬山　でもそうだね、友達も、付き合う、付き合わないよりもその関係性を続けていって、ちゃんとお互いの愛情を続けていくメンテナンスとかを考えると、ほんとに恋人と同じくらい大事にしないといけないのかな？　と思いましたね。友達はやっぱり大事です。

西村　だから、友達は一生ものっていうのは、もうほんとそういうことですね。

犬山　良いやつとは一生もの。

西村　今回のエピソードを見ての教訓は？

犬山　結局、ゲスじゃなかったらこうやって幸せなんだね。

西村　そうね。なんかむっちゃ重たいパンチやったな。だから、好きになったら想いは伝えるべき……だけど、友情と恋愛どっちを取るかですよね。

犬山　うん、うん。
西村　ちょっとまとめてもらってもいいですか？
犬山　これって多分、友達のことを一瞬好きだったけど、ずっと告白しなくて後悔していた女の子とか男の子が見たときに、すごく意味を持つような気がした。そういったときに付き合わないっていうルートを選んだからこその、その先の幸せもあるんだなっていうのがここには描かれていて、好きだから付き合うのが全てじゃないというのがよく出ていたなと私は思いますね。
西村　なるほど。好きのジャンルによってルートが違うっていう。
犬山　付き合わない先にも幸せがちゃんとあるし。
西村　とことん想いを伝えるならその先は崖が待ってるよってことを覚悟しなきゃダメですよね。
犬山　そうですね。
西村　好きだって気持ち伝えずに我慢するんだったら、それはそれで別の幸せが待ってるっていう。これが教訓です。

犬山　これでいいのかな？　そのときは辛いかもしれないし後悔するかもしれないけど、その後ちゃんと自分を大事にしていたら幸せは待っている。

西村　好きの種類を把握して、見極めて。

犬山　私、なんだろう……。コイカリがこんな王道で、できるんだっていう。そっちにびっくりした。

Check!

成就しなかった好きがあっても人は幸せになれる

COLUMN
ねぇ！女子

#07

「あたし同い年とか無理で。すごい子どもに見えちゃう」。

はぁ!?

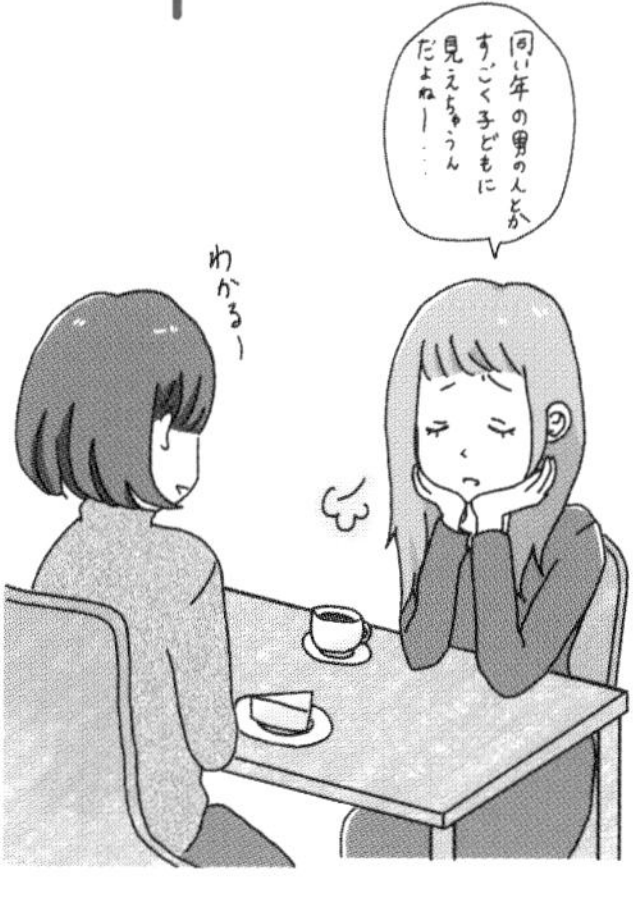

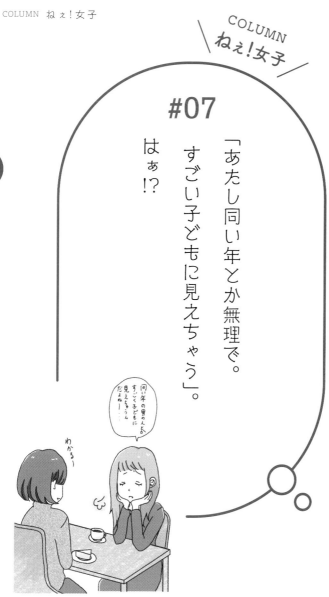

西村　ごめんなさい、これ、ほんとにいるでしょ。
犬山　いるけど。
西村　なんやあいつら。
犬山　もっと聞こう。
西村　ふざけんな。ハタチそこそこが。40歳としか付き合ったことないみたいな。そこに愛はあるのかい？　と。
犬山　あるんじゃない？
西村　これ、俺昔からちょっとねぇ、そういう子はそのスタンスを取っててもいいけど、言わないほうがいい。
犬山　あぁ、なるほどね。好きなものを好きって言うのはいいんだけど、そのほかのものをディスるなと。
西村　そう！
犬山　たしかにねぇ。
西村　よくいるでしょ、「なんかもう同じ学校のやつ、大学のやつ、正直もうマジガキ。

全然マジで。もうほんと恋愛対象にならないから。「話合わない」みたいな。いや、こっちが話合わねーしって。そもそも！

犬山　いや、それ気持ちいいんだよねー言うと。

西村　そーなんだ。

犬山　すんげー気持ちいいんだよ。

西村　あぁ、そうか。その優越感にひたってるわけだ。

犬山　そうそうそう。マウンティングですよ。

西村　なるほどねぇ。あの女子は嫌だな、俺。

犬山　まあ確かにいる。

西村　いる。で、コンパで僕らみたいな30代に言っても、ひびかねーぞって思うの。TPOわきまえて言えよっていう。あれなんですよ。

犬山　私大人なのっていうアピールをしたいんでしょうね。

西村　そうそうそう、おこちゃまですよっていう。ね。

犬山　そう、アピールするところがね、おこちゃまですよという。

西村　そう、そうなんでございます。気を付けてくださいね。ほんとに。

結論

僕らみたいな30代に言っても、
ひびかねーぞって思うの。

Episode

08

歯がゆい女

08
歯がゆい女

専門学校を卒業し、レストランのキッチンスタッフとして働く明花。実家は食堂を経営しているが、スタイリッシュな仕事がしたいと、現在の仕事に就いた。

両親譲りの食べっぷりに、同僚のリナも目を見張るばかり。明花が作ったスイーツを二人で楽しく食べていると、チーフシェフの仲村がやってきた。

「砂糖に頼り過ぎだな。55点」

仲村の厳しい評価に、明花の歯がうずき始める。だが、明花は頑なに歯医者に行こうとはしない。幼い頃に受けた雑な治療がトラウマになっていたのだった。歯磨きをしているのに、ストレスで時々歯がうずく明花は、精神的に支えてくれる彼氏でもできたら解消できると、あっけらかんとしていた。

ある日、レストランでは新しいキャンペーンに伴い、新作スイーツを製作する案が浮上する。その大役を任されたのは、仲村と明花だった。実は、仲村のパートナーに明花を薦めていたのは、他の誰でもない仲村だった。

それから、明花と仲村は新作スイーツの創作で一緒の時間を過ごすことが増えた。家まで送ってもらう仲村に気を遣い、ちょっと家に寄っていかないかと誘うが、仲村はストイックに仕事に向き合い断るなど、その真摯な姿に明花の心が揺らいでいく。しかし、仕事を通じ、お互いの距離が縮まる中、仲村は初めて明花の家に上がることに。異性として意識する明花。ドキドキが止まらないが、仲村はそんな素振りも見せず、新作スイーツへの想いを熱く語る。その姿勢に、更に心惹かれる明花は、ふとした瞬間ひらめく。（牡蠣を使ったスイーツは面白いかも！）すぐにでも試してみたい、でも、この雰囲気は壊したくない。

【A】今の雰囲気を壊さない　【B】新しいアイデアを発表

「生牡蠣の食感を活かしたスイーツはどうですか?」突然の提案に驚く仲村。善は急げと、明花は仲村の手を取ってレストランへ。思い立った二人は、夜な夜なスイーツ作りを再開した。そしてできた試作品に喜ぶ二人。すると、仲村はおもむろに明花にキスをした。

牡蠣スイーツにレストランスタッフも納得の表情を見せる一方、明花はとうとう歯の治療をする決心をしていた。その担当医は、開業医を父に持つ竹腰俊一。今風のチャラ男からは、親知らずを4本抜かなければいけないと宣告される。

それから明花と仲村はカラダの関係に。正式に付き合っているわけではない曖昧な関係。一方の竹腰は、抜歯のご褒美で明花にブランドバックをプレゼント。更には高級車に乗せ夜景デートへ。そこで、明花は竹腰にキスをされ、付き合ってほしいと告白される。明花は流れに任せてOKしてしまった。

後日、仲村に「彼氏ができたので関係を終わりたい」とメールしたところ、即座に会いたいと返信が。改めて二人はデートをしたが、やはり明花は煮え切らない。そこで明花が下した決断は……。

【A】先輩に別れを告げる　【B】遊びでも良いかと二股を持ちかける

「私、彼氏ができたので、遊び友達でいいですか？」

明花の告白に仲村は、今は仕事が一番で元々付き合おうとは言えなかったと話し、遊びの関係を続けることとなった。

レストランではスイーツフェア第二弾の計画が発表されたが、今回は仲村のみで明花の名前はなかった。アイデアは良かったが経費がかさみすぎたという。イライラした明花は例によって歯がうずき始め、仲村に抱えられ竹腰歯科へ行くことに。しかし、夜遅いため歯科医院の中は無反応。結局、仲村は夜通し明花を看病することになった。

翌日、改めて竹腰に診察してもらったが、そこへ乗り込んできたのは怒り狂った若い女。竹腰に遊ばれていたという。そう、明花も竹腰に遊ばれていたのだ。一方の仲村は、オーナーと衝突しレストランを辞めて姿を消した。それでも歯の治療は続けないといけない明花。懲りずに明花にアタックしようとする竹腰をよそに、明花は仲村への思いを胸にしまうことができなかった。

数年後――――。

明花はパティシエとなり、小さなスイーツショップをオープンさせた。そこへフラリと現れたのは仲村。フランスで店をオープンし、腕利きのパティシエを探しているという。仲村は、明花を迎えに来たのだった。二人の甘い時間が、今度こそ始まろうとしていた。

スタジオトーク

思い出深い告白ありますか？

西村　（今まで）告白してきた方法は？
犬山　直球ですね。「付き合おうぜ」って。
西村　「付き合おうぜ！」って感じですね、俺も。「好きだから付き合ってください」って言う。
犬山　全然メールとかで言う。
西村　それ、意外だな。
犬山　別に、会ってからとかそういうこだわりは全くない。
西村　絶対会って言った方が良いとかよく言いますけど。
犬山　多分、会って言った方が良いんだよね。良いんだけど、私はせっかちだから会うまでの時間も待てない。好きって思ったらすぐ、好きなんで付き合いませんかって

西村　（携帯で）言う。すぐ送っちゃう。
犬山　はー、すげぇ！　先手を打つんだ。
西村　先手なんですかね。で、次会ったときにお互い「アハッ」みたいに照れて、お互いね。彼氏彼女になったね、みたいなね。
犬山　紙子さんも、そういうかわいいとこあるんですね。
西村　大体かわいいっつうの。なに、その普段かわいくないみたいな。かわいいっつうの。
犬山　すみません……。過去一番思い出深い告白は？
西村　あのね、待ち伏せをしたんですよ。手紙を持って。同じ絵の教室だったの。そこで待ち伏せしてすごいドキドキして、来たときにパッて渡して、渡すときに手触って……。
犬山　えっ？　なになになに？
西村　これでダメだったら一生触れないと思って、手触っちゃったの。女子高校生の頃ですよ。そんな告白がありました。
犬山　え？　で、そこで付き合ってくださいって言ったの？

犬山　付き合ってくださいというか、まずは友達になってくださいみたいな感じだったんですけど、友達になってそのあと、見事1ヶ月後くらいに付き合えて、でも3ヶ月くらいでノイローゼになったって言われて別れた。

西村　悲しいなー。

犬山　悲しかった。あのとき悲しかった。別に私がノイローゼにしたわけじゃないですよ！　そんな切ない思い出があります。

西村　思い出かー……。

犬山　軽く告ってる？　それともちゃんと重く告ってる？

西村　重く告ってるかも。「お前の過去、全部俺に預けろ」みたいな……。

犬山　まぁ付き合うときは、それくらいの気持ちだよね。

西村　まぁでも思い出深い告白というより、シチュエーションとか相手の言動が、すごい思い出深かったのが、ちょっとなぁなぁな感じ。もう男女の関係にもなってるけど、付き合うかどうか分かんないとき。今まではそういう女性が何人かいたりとか、そういうのを経験してなんとなく、なぁなぁで終わってたっていうときがあって。でも、前付き合った子は、なぁなぁになろうとしたときに「西村さん、確認していいですか？　私とそういう曖昧な関係になるんだったら、もう今日このデートを最後にしてください」って言われて……。

犬山　大事。

西村　で、俺、「へへ、へへー……なわけないじゃーん！」って言った。

犬山　え、その後付き合ったの？

西村　しかも、環七（東京都道318号環状七号線）とかの大通で、車とか通ってる中で「私は興味があるから、惹かれてるから、今日もここのデートに来ました」って言って。

犬山　潔い女、格好いい！

西村　言われて、大声で言いました。こんな子を都合のいい子にしようとしとった俺ダメやと思って、「俺と付き合ってください！」って言った。環七で。

犬山　美しい思い出。

西村　さあ今回のエピソードの教訓！

犬山　なんだろうね……。
西村　二人で迷って、迷う時間が長いほど泥沼になるから、もし目の前にいいのが複数人現れたら、早めに決断してその人だけに行くっていうのは？
犬山　なるほど。
西村　見てて大事かなって思いました。
犬山　結構早めに決断してたもんね。私は……二股してもいいんじゃないですか？
西村　逆！　逆！　コメント、逆！
犬山　もちろん独身の頃ですよ。それで見えてくるってことがあるかもしれないってことですね。……いや……一途に生きましょう。

Check!

早めに決断すること！

COLUMN
ねぇ！女子

#08

男の寝顔を写真撮るの好きやね！

犬山　撮られるうちが花ですよ。

西村　なるほどね。特に女子が一番好きな写真、俺もう答え出してるから。

犬山　なになになに？

西村　自分が産んだ赤ちゃんと旦那が一緒に寝てる写真。あれ一番好きでしょ。

犬山　あー、あれは好きだねー。自分だけはそうならないと思ってたけど、なりましたわ。あらがえない。

結論

赤ちゃんと旦那が一緒に寝てる写真。
あれ一番好きでしょ。

番組スタッフメッセージ

本作のドラマ部分・脚本を担当していた林と申します。番組はひと区切りとなりましたが、こうやって書籍化されるとは嬉しい限りです。コイカリの一番古い脚本データをPCで探してみると、2015年の1月でした。約6年以上前に、オンエア初回のプロットを書いていたんですね。今となっては数人のライターさんが交代しながら脚本を書くのは当たり前ですが、当初は僕1人でコツコツと書いていたのが懐かしいです。

そんなドラマを恋愛マエストロの犬山紙子さん、西村真二くんに観てもらいながら、副音声的にトークをしていただいたことが、どれだけ助けになったことか。実は番組立ち上げ時、初代プロデューサーと演出・小川さんとで「ドラマ中、ワイプで恋愛マエストロの顔を出すのはアリだとして、2人の声を活かすか、活かさないかはどうする?」と、議論した記憶があります。結果として「副音声として活かす」こととなり、それが大正解かつ、番組のトーンを決定づけたことに異論がある方はいないはずです。ドラマにあーだこーだ言いながら、ときには叱咤激励を、ときには喜怒哀楽してくださった2人のおかげで、ドラマがより輝くことができた、と今は胸を張って言えます。これまでありがとうございました!

恋とか愛とか(仮)脚本　林 賢一

Episode 09

気付いた女

09 気付いた女

沙耶には、付き合って3ヶ月になる彼氏・哲夫がいた。これといった不満はないが、沙耶にはある悩みがあった。

ある日、サークルのメンバーたちとバーベキューを楽しんでいた沙耶。見た目も格好よく、陽気な雄二は女子たちから羨望の眼差しで見られていた。少し酔った沙耶の隣に座ったのは、たまに飲み会だけに参加している詩織。二人は初対面だった。他愛もない話をし、雄二の方へ戻っていった詩織。二人の姿を目で追った見ていた沙耶は、そのとき、あることに気づいた。

後日、沙耶は彼氏の哲夫に別れ話を切り出す。身勝手だとは分かりつつも、沙耶は自分の気持ちにケジメをつけようとしていた。そして沙耶は、ある人に電話をかける。それは、詩織だった。

「今度、二人でご飯でも行かない？」

沙耶は、震える声を悟られないよう詩織を誘う。そう、沙耶は本当は女の子が大好きで、女の子と付き合いたいと思っていた。詩織の返事はＯＫ。二人は食事だけでなく、度々遊びに行くようになっていた。

ある日、詩織の家にお邪魔することになった沙耶。恋バナで一通り盛り上がった後、一緒のベッドで寝ることになった。沙耶は興奮して目が冴えまくっている。

（こんなシチュエーションになるなんて……でもめちゃめちゃチャンス！）

ここで沙耶がとった行動は？

【A】それとなく手を握る　【B】ハッキリと思いを伝える

沙耶は「こうしていたい」と、詩織の手を握る。詩織は特に驚く様子もなく、沙耶の行動を受け入れる。詩織の「甘えん坊さんなんだね」という言葉に、沙耶は今までに味わったことのない幸福感に包まれた。

それからも二人の関係は変わることはなかったが、沙耶の気持ちは収まらなかった。意を決して、詩織に「女の子が恋愛対象である」と伝え、詩織にそっとキスをした。それでも詩織は沙耶の思いを受け止めた。

「偏見はないよ。私も沙耶のことが好き。でも、好きの種類が何なのかが、まだ分からないの」

ある日、沙耶は街中で雄二の姿を見かける。雄二は男性と手を繋いでいた。沙耶の視線に気がついた雄二は慌てたが、後日、沙耶からも同性が好きだと打ち明けられ、二人は仲間になった。

悩みを抱える沙耶のために、雄二はレズビアンのあずみを紹介する。沙耶はあずみに、同性愛の悩みを打ち明けスッキリしたが、あずみから思いもよらない言葉が返ってきた。

「私、沙耶ちゃんのこと、めっちゃタイプかも……」

朝まで一緒にいようとあずみから誘われた沙耶は？


【A】好きな人がいるからと断る　【B】一夜をともにしてみる

あずみの誘いに乗った沙耶は、その夜、初めて女性の体を知り、今までに感じたことがない安らぎを味わった。詩織を裏切った罪悪感で心は痛んだが、詩織の感情が愛情ではなく友情だと思い、関係にピリオドを打った。


2年後――。

会社に就職した沙耶は、あずみと同棲を始めていた。

ある日、相談があると雄二に呼び出される。雄二は親に対し「彼女と一緒に住んでいる」と偽り、同性愛者であることをカミングアウトしていなかったという。そこで沙耶に、彼女の振りをしてほしいと懇願する。その場の体裁は取り繕った雄二だが、沙耶もあずみも、カミングアウトすることに対して壁を感じていた。ただ、あずみは沙耶に対し、いちばん大事なのは二人の気持ちだと諭していく。

時はたち、ダイニングテーブルを囲む四人がいた。沙耶、あずみ、雄二、そして雄二の恋人の彰だった。四人はルームシェアを始めていた。世間からカムフラージュするために、お互い助け合って生活している。内々で友情結婚パーティーも行い、いつまで続くか分からないこの生活に幸せを感じていた。

スタジオトーク

人がセクシャリティで差別されるなんてことはなくさないとダメ

犬山　これほんと今回、深いというかね。カミングアウトに悩むことはあることじゃない？　それに対する答えが、絶対カミングアウトした方がいいよねっていう押し付けじゃなくて、色んな形があるよね。こういう幸せの在り方もあるよね、っていう一つの提示にもなっていて、私はコイカリなのにすごく真面目に感動しています。

西村　なるほど！　コイカリなのに、が余計ですけれども。

犬山　（笑）

西村　でも！　これ多分俺が受け取ったのはＬＧＢＴのカミングアウトだけじゃないなって。

犬山　ほう。

西村　他の悩みであったりとか、大小さまざまあると思うんだけど、結局カミングアウトできないまま、ずっと我慢しててっていう、見てる人に勇気というか一歩踏み出せって背中押してあげられるメッセージは、あったんじゃないかと思います。

犬山　そうだよ、誰しも親に言えないことあるじゃん？　じゃあそれは絶対親に言うべきかって考えたときに、ケースバイケースだよねって話じゃん。

西村　必ずしも、知っておかなければならないことではないと思う。

犬山　にっくんも、親に言えないことあるでしょ？

西村　たくさんあるよ、そりゃ！　どんな悩みにも共通して言えるのは、良き理解者を見つけるっていうのは大事だね。

犬山　誰か理解してくれそうな人に、理解してもらえるっていうのは、超大事だよね。

西村　結局、引きこもりとか色んな問題あるじゃん。いじめられたりとか。だから理解者っていうのは大切だと思う。一人で戦うのが一番厳しいのかなって思います。

犬山　孤立が一番怖いですよね。

西村　さぁコイカリ初の同性愛というテーマでしたが、改めて同性愛に関して。まぁでも紙子さんはぶれないよね。ずっと。

犬山　このエピソードを通して、一人の恋愛体験を見てきたわけじゃん。やっぱり当たり前だけど、すれ違うし、「恋愛」にヘテロも同性愛もないなと。

西村　だからいままだ偏見持ってる人っていうのは、ちょっと時代遅れですよね。

犬山　時代遅れというか、なしですよ。

西村　時代も関係ないか！　多分、江戸時代のときも縄文時代も同性愛はあったし。僕は改めてこういうエピソードを見るにあたって、更に理解深まったなっていう。

犬山　ね。一人のエピソードをしっかり見せてもらえると、自分事として捉えられるじゃん。共感したりとかさ。だからそれは大きいよね。

西村　一歩踏み込んで色々知れて、またまた踏み込もうって思ったしね。すごい良かった。

犬山　良かったです。

西村　今回の教訓は？

犬山　これはすごいありました。幸せのあり方っていうものには、多様性がある。

西村　まさにそうだね。

犬山　カミングアウトすれば幸せ、カミングアウトしないから不幸せ、ではない。どんな方法であれその人に沿った方法があるよねっていうことがすごく分かった。ただ、カミングアウトし辛い空気は社会が変えていかなくちゃダメ。人がセクシャリティで差別されるようなことはなくさないと。で、それはメディアの仕事でもあるので、コイカリがこのエピソードを扱ったのはいいことだなと思います。

西村　また、その人に沿った道に、その人を応援してくれる人もいるから。

犬山　そうね。理解者がね。

西村　沿道にもたくさん手振ってくれる人がいるぞ、っていうことです！

犬山　もし石を投げる人がいたら私たちが立ち上がるぞと。ほんとに、その通りだと思います。

西村　今回はどうも、ありがとうございました。

犬山　ありがとうございました。

Check!

幸せのあり方には多様性がある！

COLUMN ねぇ!女子

#09

スタンプで顔隠してまで彼氏載せたい？

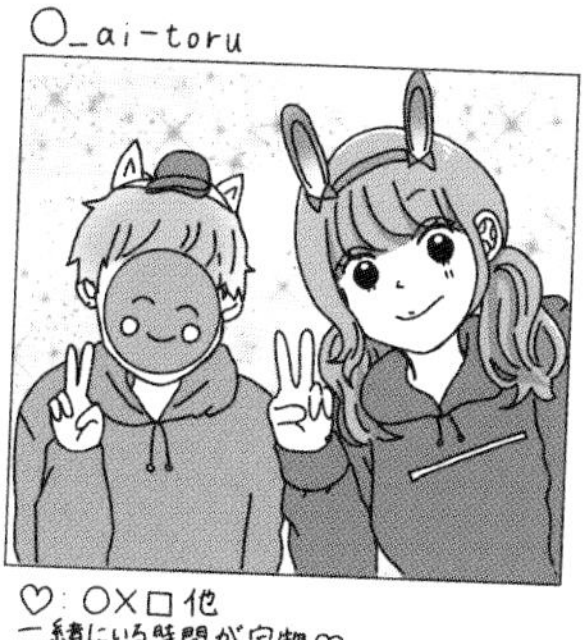
一緒にいる時間が宝物♡
#遊園地#1年記念日#～～

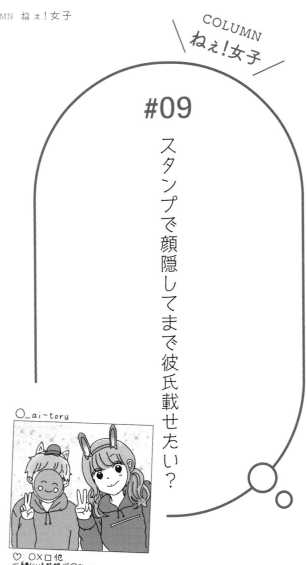

犬山　いいじゃん。
西村　お猿さんのなんかこう、ねぇ、よくあるでしょ。別にもう、見せてもいいよ。
犬山　いや、でもそれは彼氏的にNG出てるんじゃない？
西村　じゃあ載せんかったらいいし。
犬山　でも、今日こうだったよってことは言いたいかな。
西村　なるほど。じゃあもうピンでいい。
犬山　彼女なりの折衷案じゃない？
西村　（折衷案）が、猿なん？
犬山　そ。

結論

ピンでいい。

Episode

10

破壊する女

10 破壊する女

ＯＬのカナコは、ケンと付き合ってもうすぐ一年が経つ。高学歴・高身長・高収入の３高男子でしかもイケメン！　非の打ち所がない彼氏と幸せの絶頂なはずなのに、カナコは幸せを感じれば感じるほど、なぜか破壊したい衝動にかられてしまう。

大好きな気持ちとは裏腹に「付き合って１周年記念日の日取り」や「他の女性と話していたこと」など、ことあるごとにケンに突っかかるカナコ。

ある日、耐えきれなくなったケンから「もう限界だ。別れよう」と告げられる。本当は別れたくないのに、カナコはケンに暴言を吐いてしまい、二人は修復不可能になってしまう。

友人のミチに相談し、新しい出会いを探すことにしたカナコは、マッチングアプリで知り合ったタクミとお茶をすることに。

イケメンだがよくしゃべるタクミに「次はないかも……」と思っているカナコは、帰り際にタクミから「今度はデートをしよう」と誘われる。

しかし、デートの日はケンと1年のお祝いの約束をしていた日……。ケンとやり直すか、タクミとデートをするか。悩むカナコは電話を手に持って……。

【A】元彼のケンに連絡　【B】タクミに連絡

「僕も、もう一度会いたいと思っていたんだ」と、ケンから言われカナコはすぐに公園で会うことに。

楽しみに待っていたカナコに対し、ケンは部屋に残っていたカナコの荷物を渡し「これで完全に終わりだ」と言い放つ。

結局カナコは新たな恋を求め、タクミとデートすることに。初デートの感触はまずまずで、その後もデートを重ねた二人は付き合い始める。

ある日、タクミは仕事で待ち合わせ時間に遅れてしまう。カナコはいつものクセで不機嫌になり、タクミに暴言を吐いてその場を立ち去る。

ミチに相談するカナコ。ミチから「すぐに謝ったほうが良い」と言われ、どうやって謝れば気持ちが伝わるのか悩んだ末に、カナコが出した答えは……。

【A】電話で謝る　【B】LINEで謝る

「さっきはごめんなさい。一方的に怒鳴って帰っちゃって……」と、カナコは電話で謝り、翌日会って話すことに。タクミから「気にしていない」と言われるものの、予定していたカナコの両親への挨拶は延期に。

両親に伝えていたため、実家に帰らざるを得なくなっていたカナコは、ミチを連れて行く。

実家でのカナコの振る舞いから、カナコの性格は厳格な父に服従する母の姿勢にあるのだと悟るミチ。

ミチの指摘から原因に気づき、涙を流すカナコ。ミチはカナコの両親と話し合い、実は愛し合っている夫婦だという姿をカナコに見せるよう促す。仲の良い両親を見てカナコは驚きを隠せない。

カナコは、自身の破壊的な行いを反省し、タクミに素直な気持ちを伝える。

一ケ月後、タクミが実家にやってきた。

二人の幸せな生活は続く――

スタジオトーク

言わなくても愛情伝わるとか全然伝わってないからね

西村 紙子さんの辛いときの対処法は？
犬山 辛いときは、友達か誰かに共感してもらう。
西村 共感。
犬山 そして自分の気持ちを全部吐き出す。そしてそれを友達と一緒に笑い合う。辛い、弱っている自分を笑顔で認めてくれる人もいるじゃんって。ここまでセットになると、辛い気持ちっていうのが昇華され、そして笑ったことによりあまり嫌なイメージが蓄積されない！ そうやって人の傷は癒えていくんですね〜。
西村 おぉ、なるほど！ そういうのをまとめたのが、紙子さんの本でありますから！
犬山 （笑）

西村　今回、カナコはタクミに謝るとき、SNSを選ばずに直接電話で思いを伝えましたが、謝罪をSNSでするのはどう思いますか？　しかも代筆はアリ？　文字だと温度感とか伝わりにくいと思うんだよなぁ……。
犬山　SNSやメールだと、伝えたいことの2割くらいしか伝わってないっていうしね。Twitterとかもそうだよね。ほんとに言いたいことはこれだけど、読み取る人は1割2割くらいしか読み解けない。
西村　最近愛してるって言ってますか？
犬山　言ってまーす。
西村　うーん……。
犬山　言わなくても愛情伝わってるとかあるじゃん？　全然伝わってないからね？
西村　そうだよ！
犬山　ほんとそうなの。まじで伝わってないからね？
西村　勘違いしている人たち、絶対言った方がいいと俺も思う。俺も超言うもん。
犬山　あと、相手にこうしてほしい、あーしてほしいとか、察してほしいなとか、それも全然察さないから。言った方がいいよどっちにしてもね。

西村 今回のエピソードの教訓は？

犬山 結局は親が上下関係あるように見えていたのが問題だったもんね。パートナーと上下関係を作らない！

Check!

パートナーと上下関係を作らない

COLUMN ねぇ！女子

#10

モリモリ食べる女の子のほうが、
男子は好きだぞ。

犬山　それ意外とって言うけど、大体、女性誌に載ってる。
西村　え……そーなんすか？
犬山　全然、意外じゃない。知ってる。
西村　うわ！　オレ、気遣う子はあんまり嫌だったんです。「私あんまり食べれないのー」とか。モリモリ食べる子のほうがかわいいと思ってたんすでけど。そんな情報いらないって？
犬山　何を今さらって。
西村　なんか、すんません。

これからもモリモリと食べてくれ！

Episode 11

信じたい女

11 信じたい女

サエコは、既婚者の大林と不倫の関係を続けている。

会う度に「妻とは別れるから」と言われるものの、その気配はなくそれでも自分が一番でいられることに満足していた。

親友の楓は、そんなサエコに幸せになってほしいと、別の男と出会えるようマッチングアプリに登録させる。希望条件を入力すると、すぐに返信があったのが渡辺というイケメン若手社長。

渡辺と会うと、その場で意気投合。すると、サエコは渡辺から「今度、ハワイに出張に行くんだけど、一緒に行かない?」と、突然、海外出張に誘われる……。

一方で大林からは「再来月、妻と別れる」と連絡があり、揺れるサエコ。

再び渡辺と会うことになり、「結婚を前提に付き合ってほしい」と告白される。

その夜「妻との離婚が決まった」とサエコに会いに来た大林。

社長の渡辺に結婚前提の付き合いを申し込まれ、不倫相手の大林からは離婚するから一緒になろうと告げられたサエコ。

混乱するサエコが信じたのは……。

【A】既婚者の大林を選ぶ　【B】社長の渡辺を選ぶ

サエコは大林と別れ、渡辺を信じて付き合うことにする。

渡辺は、海外出張で大量に買ったブランド品を「気に入らなかったから」と、すぐフリマアプリに出品したり、デートのお店のランクがどんどん落ちていったり、「追徴課税が6億あり生活費に困っている」など怪しい言動が続くが、サエコは「渡辺のためなら」と金銭面の支援を始める。

その後、覚えのない高額の買い物がサエコのカードでされていたり、渡辺の生活費を立て替えたりするなどで、気づけばサエコの借金は700万円まで膨らんでいた……。

楓にそのことを伝えると「怪しいから絶対調べたほうが良い」とアドバイスが。

そんな中「厚生労働省からの融資が決まって会社も軌道に乗るから、結婚してほしい」と告白される。

「受けるのはリスクが高すぎる？　私はどうすれば……」

【A】お金の話が先
【B】（信じたいから、一回だけ身辺調査を……）とプロポーズを受けつつ、身辺調査を始める

「それならいろいろと進めよう」と、渡辺はウェディングドレス、結婚指輪、新車や新居など次々と下見をしていくが、どれも見ただけで買っていない。

そんな中、身辺調査をお願いしていた探偵から「渡辺には妻子がいる。間違いなく結婚詐欺」という調査結果を告げられる。

渡辺に「私の前から消えて」と言い放ち、その場を立ち去るサエコだったが、渡辺はス

トーカー化しサエコにつきまとう。逃げながらたどり着いたのは空手道場。サエコは道場に通い、自身の身を守る術を体得。しつこくやってくる渡辺に回し蹴りを見舞い、見事撃退に成功する。

その後、弁護士を通して渡辺に700万円を請求。

サエコは日常を取り戻し、「信じられる人」を待ちながら日々空手の稽古に励むのだった。

スタジオトーク

周りの人に相談することが大切

西村　恋愛にのめり込んでいるときに、どうやったら自分を俯瞰できる？

犬山　のめり込む前に、その癖をつけたい。

西村　俯瞰する癖？

犬山　はい。自分が、恋なのか依存なのか執着なのか、それを見る癖を先につけとくしかないよね。だからもう、のめり込んだ後は、結構難しいんじゃないの？　俯瞰するなんて。私もできないと思うな。だから、彼氏を自分が信頼してる人に紹介する、っていうのは良いかもね。自分一人じゃ無理だけど、自分がこの人のことは尊敬できるとか、そういう人たちから言われると、やっと「あ、そうかも」ってなるかも。

西村　結局ね、周りの人に相談することがね。

犬山　でもさ、お金を貸したなんて恥ずかしくて言えないじゃん。

西村　言えないよ、７００万も。

犬山　机上の空論なんだよなぁ！

西村　だよねぇ、のび太君！

犬山　ねぇ、ドラえもん。
西村　とりあえず、どら焼き食べる？
犬山　食べよっか。
西村　違うんですよ、テレ朝（テレビ朝日）コントじゃないんですよ。
犬山　でも机上の空論だけど、やってほしいです、これは。怪しいなと思ったら紹介！信頼してる人に。
西村　さぁ、紙子さん、このエピソードの教訓は……。
犬山　この胸糞悪いエピソードの？
西村　まぁ、あったんじゃないですか？　色々と。不倫から始まり……子どもに見せていい場面が１フレームもないです、今回。
犬山　なかったなぁー。ほんと見せたくない。
西村　ほんとない、最高の番組。
犬山　しかも18歳に見てほしくないね。25歳以上って感じだよね。
西村　ほんとにそう、中高生にも見せられない。視聴者層が、狭い狭い。最高ですよコイカリは。

西村　俺が思ったのは、女の子落とすときとかもそうだし、弱ってるときってどっちにも振れるんですね。

犬山　ほんとね。弱ってるときはね。

西村　心身的に弱いときって、犯罪に行くかもしれないし……。もちろん、良い方向に転じることもあるけど。だから弱いときこそ、気をつけなきゃダメですね。

犬山　弱ってるとき、ほんと詐欺師寄ってくるしね。

西村　そうですよね！

犬山　こいつ、いけそうだ！　みたいなの嗅ぎつけますからね。私幸せ！　ルンルン！　みたいな人のとこ行かないですもんね。

西村　行かない！　弱ってるとき、気をつけな？　ほんとに。

犬山　弱ってる人、気をつけてね！　怪しいと思ったら周りに相談！

弱ってるときほど気をつけろ!!

番組スタッフメッセージ

選択肢によって展開が変わるコイカリのドラマは、視聴者から寄せられた恋愛エピソードをもとに、リアルとフィクションを混ぜながら作られたものです。ゆえにシナリオ作りは、番組ディレクターと一緒に投稿エピソードに目を通し、イケそうなネタを選ぶところから始まります。イケそうなネタとは決断のポイントがあり「もし、あのときこうしていたらどうなっていたんだろう」という想像が広がるものです。そこに、後悔の念がにじみ出ていたらなお良しです。ハッピーエンドでもバッドエンドでも、やはり恋愛は、度々選択を間違うからこそ記憶に残るし、楽しいんじゃないでしょうか。

誰しもが、過去の恋愛に対して後悔があるはずです。「あのときの選択は正しかったのか」、ドラマは現実ではできない想像上の答え合わせです。それを、ときにピュアに、ときにゲスに見守る恋愛マエストロたちの的確すぎる分析とともに、どうぞ皆さんの恋愛力向上に役立てていただけたら幸いです。

恋とか愛とか（仮）構成　脚本　田中大祐

Episode 12

100%○○な女

12

100%〇〇な女

希美は不動産会社の社員。冗談をよく言う上司・嶋田や気さくな先輩のみちる、同期の省吾たちと楽しく働いており、職場には何の不満もなかったが、プライベートで大きな問題を抱えている女子だった。

希美は彼氏の英二のことで相談があり、会社の先輩・みちるに同期の省吾と三人で飲みに行く。

英二の怪しい言動に「浮気」と断定する二人。思えば、歴代の彼氏に必ず浮気され、希美は毎回振られていた……。

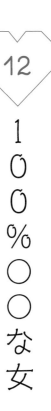

英二と別れた希美は、数週間後、研修で省吾と出張する。二人っきりで食事をとり、一緒に過ごして安心感を抱いた希美は、省吾と付き合うことにするが、そんな省吾にもすぐに浮気の兆候が……。

問い詰める希美は「相手が俺を誘惑してきたんだ。カラダだけの関係だから許してほしい」と懇願される。

省吾の自白に驚いた希美は……。

【A】条件付きで許す　【B】一旦様子を見る

「許してほしいなら、どうするか具体的に教えて！」と訴える希美に、省吾はお互いのスケジュールをシェアするカレンダーを作ろうと提案する。希美はそれで納得する一方、省吾からの夜の誘いを拒んでいたことで浮気されたのではと感じ、これからはより積極的にいこうと反省する。

ある日、希美はみちると訪れた新しい飲食店で、バイトで一緒に働いていた高橋と再会する。その帰り道、お客さんの希望に合うマンションがあったことを思い出して立ち寄ってみると、何とその部屋で省吾が女性客とイチャついていた！

「もちろんカラダだけの関係！」と言い張る省吾だったが、スマホを見ると数々の女性とのやり取りが残っており落ち込む希美だった。

そんな中、希美は偶然に高橋と出会い、カフェで懐かしい話をするうちに少し元気になるものの、省吾との関係は修復されないまま……。省吾は突然家にきて「もう一度だけ許してください！」と泣き始める。

悩む希美は……。

【A】もう一度信じる　【B】他に目を向ける

「無理。もう帰って！」と、希美は省吾ときっぱり別れ、次の恋愛へと目を向ける。

その後、バイト先が一緒だった高橋と飲みに行ったりするうちに、二人は付き合うことに。

料理を振る舞ってくれる優しい高橋だったが、予想外だったのは頻繁にカラダを求めてくること。自身への思いが伝わってくる一方、高橋に重たさも感じていた。

そんな中、希美の職場に新店長として省吾が戻ってきた。「希美のために志願してこの店の店長になった」と告げられ、嬉しくなる希美。気づけば、希美は省吾と浮気してしまっていた。

ある夜、高橋が希美の家に来て「浮気してるだろ！」と激昂する。

希美を思うあまり、高橋はGPSの位置情報で希美の行動を監視していたのだった。

言い訳する希美の話も聞かず、別れを告げる高橋。希美は初めて省吾の気持ちが分かった気がしたのだった。

省吾とヨリを戻した希美は、数ヶ月後に結婚。

今では省吾を尻に敷き「鬼嫁」となっているのだった。

スタジオトーク

100％浮気されないには究極誰とも付きあわない

犬山　もう浮気しないと相手に分かってもらうにはどうしたらいいですか？　浮気先生。

西村　んー……これはですねー、まず出所してからの行動がすごく大事でございまして、やはり。彼女に対する社会貢献と言いますか、とにかく、今日何時に帰るという報告をする。毎朝ね。

犬山　ほう！　ほうほう。

西村　今日はどういう予定だから、どこどこでどうだ！　と言う。イレギュラーなご飯は全部断りまして、1週間に1回、あるいは2週間に1回くらい、ちょっと、コージーコーナーでケーキを買ってあげたりとか。ハーゲンダッツの期間限定のものが出てますから、そちらと、通常のストロベリー、バニラを添えて、2個あげたりとかね。そういうことが、大事になってきますね。

犬山 浮気先生……。すごくリアルな対処法ですね。

西村 ええ。そうですね、一度裏切ってしまったときの、怒鳴られたときの怖さというのは、もう二度と味わいたくないというふうに思っておりますので。それはもう嫌ですね。

犬山 彼氏が普段つるんでた、一緒に女遊びしてたような男友達とかが、最近あいつマジで全然一緒に遊んでくれないよみたいな、そういうことを彼女に伝えるっていうのはどうなんだろうな。それって信用に値するのかな？

西村 いえ、友達から「あいつ最近真面目だよー！」っていう感じで言っても、何も伝わりません。

犬山 はい、何も伝わらない……（笑）。

西村 はい。関係ないです。

犬山 浮気先生は、やっぱりすごいな！ なんでも教えてくれるなぁ。ありがとう。

西村 うん。そうですよ。何にも意味ないです。自分の行動だけで示さなきゃ信じてもらえないです。

犬山　なるほど、勉強になります。

西村　僕も一回過去に、高校の友達が「あいつ最近めっちゃ真面目だよ」って言って、「あ、そうなんだー」で終わってましたから。元カノとの会話が。

犬山　意味はない、はい！

西村　浮気されないためにはどうしたらいいですか？　紙子さん！

犬山　無理だと思う。１００％浮気されないなんて、無理ですよ。そこ、される側が全てコントロールできることじゃない。

西村　無理無理無理！

犬山　だから、やっぱり……。どうしたら良いですか？　西村さん！　浮気先生！

西村　浮気されないためにですか？

犬山　ここはもう浮気先生、答えてくださいよ！

西村　もうね、ごめんなさい。これは究極、付き合わない。これが解決策です。

犬山　誠実な人を探そう。

西村　浮気するやつは、浮気するんなら自分のせい！　って胸張って浮気しろって俺は思いますよ。

犬山　浮気されたのが自分のせいって思うのは絶対に良くないんだけれども、自分が惹かれる男性の傾向として、浮気っぽい男を好きになりがちだなっていう傾向を分析するのは大事だと思う。何で自分はそういう男性に惹かれてしまうんだろう？　みたいなところを深く紐解いていくと、案外「なるほどね～」と。あのときのあれがきっかけでそういう男性を好きになっちゃってるのかも？　とかそういうのが見えてくると、徐々に男性選びも変わってくるのかもしれませんね。

西村　確かにね、俯瞰することは大事ですよね。あれ？　そういえば、よく考えたら私の付き合う人浮気するなぁ？　みたいなね。

西村　紙子さん、教訓……僕からいいですか？

犬山　はい！

西村　散々自分の浮気体験をさらけ出しましたけど、これだけはほんとにみんなに言いたい。

犬山　はい！　先生！

西村　明日は我が身だと思ってください。7割の人がこっちに来る可能性があるんだよってことだけは言いたい。

犬山　なるほどね。明日は我が身。

西村　そう思います。明日は我が身です。

Check!

明日は我が身!!

（コットン）

西村真二 × 犬山紙子

SHINJI NISHIMURA　KAMIKO INUYAMA

いぬやま・かみこ　コラムニスト、エッセイスト
1981年12月28日生まれ。大阪府出身。仙台のファッションカルチャー誌の編集者を経て、母の介護のため退職。東京と宮城を6年間行ったり来たりする生活に。そこで飲み歩くうちに出会った女友達の恋愛模様をイラストとエッセイで書き始めたところ、ネット上で話題になり、マガジンハウスからブログ本を出版しデビュー。現在はTV、ラジオ、雑誌、Webなどで粛々と活動中。2014年に結婚、2017年に第一子となる長女を出産してから、児童虐待問題に声を上げるタレントチーム「こどものいのちはこどものもの」の立ち上げ、社会的養護を必要とするこどもたちにクラウドファンディングで支援を届けるプログラム「こどもギフト」メンバーとしても活動中。ゲーム・ボードゲーム・漫画など、2次元コンテンツ好きでもある。

にしむら・しんじ　芸人
1984年6月30日生まれ。広島県出身。お笑いコンビ・コットンのツッコミ担当で、アイドルグループ「吉本坂46」のメンバーでもある。元広島ホームテレビのアナウンサー。あだ名は「にっくん」。2012年に相方のきょんを誘って「ラフレクラン」を結成。2021年の春、ラフレクランからコンビ名を「コットン」に改名。

おわりに

番組を始めた当初、まさか番組が本になるなんて考えてもいませんでした。

広島の地方ローカル局で、ドラマを毎週放送すること自体が異例で、犬山さんにも当初から「続くのは1年くらいですかね〜」って言われてましたから……（笑）。だから、6年も続くとは、本当に誰も思ってなかったんですよね。

番組をご存じの方にはお馴染みですが、スタジオ収録は、毎回ラブホテルで行っていました。一応これには理由があるんです。なぜラブホテルか！　それは、『恋とか愛とか（仮）』というタイトルに関係しています。このタイトルに決定したとき、MCの収録をどこでやろうかと考えたとき、恋も愛もカッコ仮の状態ってどんな状態なんだろう……。そんな状態で行きたい所はどこだろう……ラブホか！　って連想ゲームのように思いついて、初回からラブホテルで撮影してきました。ゲスい連想ですよね。でも、番組のイメージにはピッタリでした。コイカリ的なゲスい言い方をしますと、毎回出演者、スタッフ全員がラブホテルに集合してやることとやって帰る。そんな6年でした。

犬山さんとはコイカリの前番組の時代からの付き合いで8年になります。当時は現在のようにコメンテーターなどをされてはなく、「ロケ初めてです！」っていうテレビ初心者の状態でお会いしました。カメラが回っても回ってなくても本当に裏表がない素敵な人です。

西村さんとは、ホームテレビのアナウンサー時代からの付き合いになりますが、アナウンサー、芸人と立場が変わっても一緒に仕事ができて何だか嬉しかったです。彼には、番組の顔となる「ねえ！女子」を初回からお願いしましたが、よくぞ6年間で249個もの女子に対する疑問が持てたものだと感心しています。

最後にこの本を出版するにあたってご尽力いただきましたザメディアジョンの皆さまに感謝致します。また、6年間番組を支えてくれた出演者・沢山のスタッフの皆さん、このような形で本が出版できたのも、番組に携わっていただいた全ての方のお陰だと思っております。本当にありがとうございました。

恋とか愛とか（仮）総合演出　小川貴史

恋とか愛とか(仮)とは

2015年4月より、広島ホームテレビでスタート。現代の若者達が実際に体験したエピソードをもとに、彼らの"恋とか愛とか"をドラマ仕立てで作り上げる広島発の新感覚恋愛バラエティとして人気を博している。番組最大のポイントは、恋の行方を「視聴者自らがA・Bの2つより選択する」こと。HPやツイッターから投票することで、視聴者も番組に簡単に参加できるスタイルで番組を盛り上げた。また、3話完結(+Another story)のため「出会う⇒付き合う⇒キス⇒抱く⇒別れる」といった恋愛の作法がジェットコースターのようなスピード感で描かれた。これらのドラマに強烈なスパイスを与えてくれるのが恋愛マエストロの犬山紙子&西村真二。視聴者がドラマを見て感じた胸の内をスパッと代弁。解決方法など、的確なアドバイスも多く見られる。
2021年3月31日をもって、番組はレギュラー放送としては一度、休止となる。

恋とか愛とか(仮)
12のゲス恋エピソードから学ぶ
幸せになる恋愛をするために。

令和3年4月15日 初版発行

企 画 株式会社広島ホームテレビ
協 力 KIBARASHI-BOYZ
株式会社SLUSH-PILE.
株式会社古舘プロジェクト
ホームテレビ映像株式会社
吉本興業株式会社
発行人 田中朋博
編 集 堀友良平
デザイン 村田洋子
イラスト 佐々木瞳
取材・文 中田絢子 浅井ゆかり
DTP 濱先貴之
校 閲 菊澤昇吾
販 売 細谷芳弘
印刷・製本 株式会社シナノパブリッシングプレス
発 行 株式会社ザメディアジョン
〒733-0011 広島県広島市西区横川町2-5-15
横川ビルディング1階
TEL:082-503-5035 / FAX:082-503-5036

ISBN978-4-86250-699-3

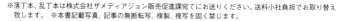